최신개정

신공략 중국어 ②

다락원

최신개정 **신공략 중국어** 시리즈 이렇게 바뀌었어요!

구판							

新신공략 중국어 기초편 1~10과	新신공략 중국어 기초편 11~15과 + 초급편 1~5과	新신공략 중국어 초급편 6~15과	新신공략 중국어 실력향상편 上	新신공략 중국어 실력향상편 下	新신공략 중국어 프리토킹편	新신공략 중국어 고급편

최신개정판							
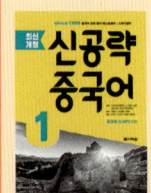			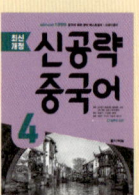			
최신개정 신공략 중국어 1	최신개정 신공략 중국어 2	최신개정 신공략 중국어 3	최신개정 신공략 중국어 4	최신개정 신공략 중국어 5	최신개정 신공략 중국어 6	최신개정 신공략 중국어 7
《汉语口语速成》 入门篇·上册 (第三版)	《汉语口语速成》 入门篇·上/下册 (第三版)	《汉语口语速成》 入门篇·下册 (第三版)	《汉语口语速成》 基础篇·上册 (第三版)	《汉语口语速成》 基础篇·下册 (第三版)	《汉语口语速成》 提高篇 (第三版)	《汉语口语速成》 中级篇 (第三版)

최신개정

신공략 중국어

원제 《汉语口语速成》_入门篇·上/下册
(第三版) 北京大学出版社
저자 马箭飞(主编)
苏英霞·翟艳(编著)
편역 변형우·주성일·여승환·배은한

2

다락원

들어가는 말

『최신개정 신공략 중국어』 시리즈 소개

『최신개정 신공략 중국어』는 《汉语口语速成》이라는 제목으로 중국에서 발간된 중국어 회화 교재의 한국어판이다. 외국인에 대한 중국어 교수법을 다년간 연구해 온 베이징어언대학 교수진에 의해 공동 기획 및 집필된 이 시리즈는 중국에서 입문편 상·하(入门篇·上册/下册), 기초편 상·하(基础篇·上册/下册), 제고편(提高篇), 중급편(中级篇), 고급편(高级篇) 총 7단계의 시리즈로 발간되었다.

《汉语口语速成》은 1999년 제1판, 2005년 제2판이 베이징어언대학에서 출간되었고, 2015년 제3판이 새롭게 베이징대학에서 출간되며, 주요 국가 언어로 번역되어 중국어를 배우는 전 세계 학생들과 함께하고 있다. '중국어 교재의 바이블'이라는 수식어답게, 오랜 시간 대외한어 교재를 대표하는 최고의 책으로 평가받고 있다.

이 시리즈는 중국어를 처음 접하는 학생들이 최단 기간 효율적으로 중국어 의사소통 능력을 향상시킬 수 있도록 돕기 위해 개발되었다. 학생들이 매 수업시간 학습 효과를 스스로 느낄 수 있도록 실용성과 실효성에 많은 비중을 두고 집필되어 실제 학습자와 교수자의 만족도가 매우 크다.

『최신개정 신공략 중국어』는 원서가 가진 특장점은 살리면서, 한국인의 언어 학습 환경에 적합하도록 국내 교수진과 다락원이 오랜 시간 기획 및 재구성 작업을 거쳐 출간하게 되었다. 좋은 교재가 학습자의 멋진 길잡이가 되길 기대한다.

다락원 편집부

『최신개정 신공략 중국어 2』 소개

『최신개정 신공략 중국어 2』는 본문 10과, 복습 2과로 구성되어 있다. 원서《汉语口语速成》_入门篇·上册/下册 각 15과 구성(총 30과 구성)을 한국 내 대학 수업 시수에 알맞게 10과씩 세 권으로 나누고, 복습과를 추가하여『최신개정 신공략 중국어 1, 2, 3』으로 재편하였다. 이 점이 구판인『新신공략 중국어』시리즈와 크게 달라진 점이다.

원서에는 없는 워크북을 추가 구성해, 교체 연습, 확인 테스트, 간체자 쓰기 연습에 활용할 수 있도록 하였다. 또한 모든 문제에 모범답안을 제시해 학습 효율을 최대한 높이고자 하였고, 음원 트랙 또한 세분화하여 학습자의 편의를 최우선으로 하였다.

이번 최신개정판에서는 시류에 따라 변화한 몇몇 부분을 수정·보완하고, 학습자와 교수자의 요구를 최대한 반영하였다. 한국 교수 현장에서 빛을 발할 수 있도록 오랜 시간 기획하고 준비한 만큼, 이 교재를 사용하는 교수자와 학습자 모두에게 더욱 환영받는 교재가 되길 바란다.

지난 십 수년간 국내 수많은 대학과 학원에서 교재로 활용되면서 그 우수성과 학업 성취도가 이미 입증된『신공략 중국어』시리즈이기에, 이번 최신개정판 역시 그 명성에 부합할 것임을 확신하며, 이 교재를 자신 있게 추천한다.

역자 **변형우, 주성일, 여승환, 배은한**

이 책의 순서

들어가는 말	4
이 책의 순서	6
이 책의 구성 및 활용	8
이 책의 표기 규칙	11

01 办公楼在教学楼北边。 사무동은 강의동 북쪽에 있어요.   12
존재문 | 방위사

02 要红的还是要蓝的? 빨간색을 드릴까요, 파란색을 드릴까요?   24
的자 구조 | 선택의문문 | 금액 표현법

03 您给我介绍介绍。 추천 좀 해 주세요.   38
조동사 想, 要 | 동사의 중첩 | 又……又…… | 一点儿과 有一点儿

04 咱们去尝尝，好吗? 우리 먹어 보러 갈래요?   54
……, 好吗? | ……是…… | 이중목적어 동사술어문

05 去邮局怎么走? 우체국에 어떻게 가나요?   66
의문부사 多를 이용한 의문문 | 어림수 | 还是……吧

● **복습 1** 01~05   78

06 他正在等他爱人呢。 그는 지금 아내를 기다리고 있어요. 88

동작의 진행 | 有的……，有的…… | 一边……一边……

07 刚才你去哪儿了？ 방금 어디에 갔었나요? 102

동태조사 了 | ……了……就……

08 秋天了。 가을이 되었어요. 114

어기조사 了 | 要……了 | 조동사 能, 可以

09 你游泳游得怎么样？ 당신의 수영 실력은 어떤가요? 128

조동사 会, 得 | 정도보어

10 明天我就要回国了。 내일 저는 귀국해요. 142

시량보어 | 就와 才 | 虽然……，但是…… | 因为……，所以……

● **복습 2**   06~10   158

부록

본문 해석   170
모범답안 & 녹음대본   174

이 책의 구성 및 활용

『최신개정 신공략 중국어 2』는 본문 총 10과, 복습 2과로 구성되어 있습니다. 중국어 발음을 완벽하게 익힌 학생을 그 대상으로 하기 때문에, 한어병음을 비롯한 중국어에 대한 기초 설명 없이 바로 종합적인 중국어 학습을 할 수 있도록 구성하였습니다.

본서

단어 익히기
'회화 배우기', '어법 다지기'에 나오는 단어입니다. 먼저 '회화 단어'를 학습하고, 그 다음 '어법 단어'를 학습해 보세요. 반복적으로 듣고, 읽고, 쓰는 것이 중요합니다.

회화 배우기
각 과의 주제에 따라 3~4개의 회화 또는 단문이 제시됩니다. 의미를 파악하고, 녹음과 함께 여러 번 듣고 따라 말하며 입에 붙을 때까지 반복 학습해 보세요.

어법 다지기
본문의 핵심 표현과 어법 구조를 학습합니다. 중국어의 문장 형식을 이해하고, 예문을 통해 다양한 활용법을 익혀 보세요.

문제로 확인
어법 이론을 학습한 후, 관련 문제를 풀어 보며 정확히 이해했는지 확인해 보세요.

내공 쌓기
유형별 문제를 풀며 배운 내용을 정리하고, 각 과의 학습 성과를 점검해 봅니다. 정해진 답이 없는 서술형 문제는 자유롭게 자신의 생각을 이야기해 보세요.

제1과에서 제10과까지 모두 '단어 익히기—회화 배우기—어법 다지기—내공 쌓기'로 구성되어 있으며, '어법 다지기' 부분에서는 각 어법 설명마다 어법을 회화에 적용해 보는 '문제로 확인' 코너가 주어집니다.

부록

본문 해석, 모범답안 & 녹음대본

'회화 배우기'의 해석과 '문제로 확인', '내공 쌓기'의 모범답안 및 녹음대본을 정리했습니다. 자신만의 답안을 먼저 만들어 본 후, 모범답안과 비교하며 공부해 보세요.

워크북

핵심표현 & 교체연습

각 과의 핵심표현을 다시 확인하고, 교체연습을 통해 다양한 활용법을 익혀 보세요.

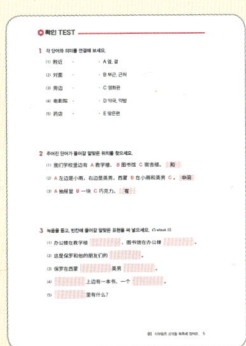

확인 TEST

문제를 풀며 각 과에서 배운 내용을 되짚어 보고, 학습 성과를 점검해 보세요.

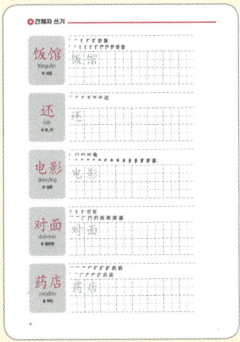

간체자 쓰기

각 과의 주요 단어를 직접 써 보며, 쓰기 훈련을 해 봅니다. 정확한 필순에 따라 연습해 보세요.

이 책의 구성 및 활용

MP3 음원

교재 페이지마다 해당 MP3 음원의 번호가 기재되어 있습니다. 원어민의 음성 녹음을 반복해서 들으며 공부해 보세요.

MP3 다운로드

- MP3 음원은 '다락원 홈페이지(www.darakwon.co.kr)'를 통해서 무료로 다운로드 하실 수 있습니다.
- 스마트폰으로 QR 코드를 스캔하면 MP3 다운로드 및 실시간 재생 가능한 페이지로 바로 연결됩니다.

이 책의 표기 규칙

01 중국의 지명이나 건물, 관광명소의 명칭 등은 중국어 발음을 한국어로 표기하는 것을 원칙으로 했습니다. 단, 우리에게 이미 잘 알려진 장소에 한해서 익숙한 발음으로 표기했습니다.

예) 北京 베이징   长城 만리장성

02 인명은 각 나라에서 실제 사용하는 발음으로 표기했습니다.

예) 小明 샤오밍   英男 영남   保罗 폴

03 중국어의 품사는 다음과 같이 약어로 표기했습니다.

명사	명	조사	조	접속사	접
동사	동	개사	개	조동사	조동
형용사	형	부사	부	감탄사	감
대사	대	수사	수	고유명사	고유
양사	양	수량사	수량	성어	성

04 『현대한어사전(现代汉语词典_第7版)』에 기준하여 '学生'의 성조를 'xuéshēng'으로, '聪明'의 성조를 'cōngmíng'으로 표기했습니다.

05 이합동사의 한어병음은 붙여서 표기했습니다.

예) 上课 shàngkè   睡觉 shuìjiào

사무동은 강의동 북쪽에 있어요.

办公楼在教学楼北边。
Bàngōnglóu zài jiàoxuélóu běibian.

01

- **학습 목표**
  방향과 위치를 묻고 답할 수 있다.

- **어법 포인트**
  존재문 | 방위사

단어 익히기

🎧 01-01

🔵 회화 단어

里边 lǐbian 명 (일정한 시간, 공간, 범위의) 안, 내부, 속
教学楼 jiàoxuélóu 명 강의동, 강의실 건물
办公楼 bàngōnglóu 명 행정동, 사무동
留学生 liúxuéshēng 명 유학생
宿舍楼 sùshèlóu 명 기숙사, 숙소동
北边 běibian 명 북쪽
西边 xībian 명 서쪽
南边 nánbian 명 남쪽
附近 fùjìn 명 부근, 근처, 인근
饭馆 fànguǎn 명 음식점, 식당
东边 dōngbian 명 동쪽
还 hái 부 또, 더
电影院 diànyǐngyuàn 명 영화관
电影 diànyǐng 명 영화
对面 duìmiàn 명 맞은편
药店 yàodiàn 명 약국, 약방
旁边 pángbiān 명 옆, 곁
超市 chāoshì 명 슈퍼마켓, 마트
们 men 접미 ~들[사람을 지칭하는 명사나 대사 뒤에 쓰여 복수를 나타냄]
照片 zhàopiàn 명 사진
左边 zuǒbian 명 왼쪽
右边 yòubian 명 오른쪽
中间 zhōngjiān 명 중간, 가운데
后边 hòubian 명 뒤쪽
桌子 zhuōzi 명 탁자, 책상, 테이블
上边 shàngbian 명 위쪽
台灯 táidēng 명 탁상용 전등, 탁상용 스탠드
张 zhāng 양 장[종이, 책상, 침대 등 넓은 표면을 가진 것을 세는 단위]
男朋友 nánpéngyou 명 남자친구
男 nán 명 남자
下边 xiàbian 명 아래쪽
抽屉 chōuti 명 서랍
块 kuài 양 조각, 덩어리[덩어리나 조각 모양의 물건을 세는 단위]
巧克力 qiǎokèlì 명 초콜릿

🟢 어법 단어

前边 qiánbian 명 앞쪽
鞋 xié 명 신발
眼镜 yǎnjìng 명 안경
闹钟 nàozhōng 명 자명종

🟠 고유명사

保罗 Bǎoluó 고유 폴(Paul)[인명]
小雨 Xiǎoyǔ 고유 샤오위[인명]
英男 Yīngnán 고유 영남[인명]
西蒙 Xīméng 고유 사이먼(Simon)[인명]
莉莉 Lìli 고유 릴리(Lily)[인명]
丹尼尔 Dānní'ěr 고유 다니엘(Daniel)[인명]
直美 Zhíměi 고유 나오미(Naomi)[인명]
易买得 Yìmǎidé 고유 이마트[상점명]

회화 배우기

1 우리 학교의 건물 배치 🎧 01-02

我们学校里边有教学楼、办公楼、图书馆和留学
Wǒmen xuéxiào lǐbian yǒu jiàoxuélóu、bàngōnglóu、túshūguǎn hé liúxué-

生宿舍楼。办公楼在教学楼北边，图书馆在办公楼
shēng sùshèlóu. Bàngōnglóu zài jiàoxuélóu běibian, túshūguǎn zài bàngōnglóu

西边，留学生宿舍楼在图书馆南边。
xībian, liúxuéshēng sùshèlóu zài túshūguǎn nánbian.

2 학교 주변의 건물 배치 🎧 01-03

学校附近有很多饭馆和商店，东边还有一个
Xuéxiào fùjìn yǒu hěn duō fànguǎn hé shāngdiàn, dōngbian hái yǒu yí ge

电影院。电影院对面是一个药店，药店旁边是一个
diànyǐngyuàn. Diànyǐngyuàn duìmiàn shì yí ge yàodiàn, yàodiàn pángbiān shì yí ge

超市。
chāoshì.

3 폴과 친구들의 사진 🎧 01-04

这是保罗和他的朋友们的照片。左边是小雨，
Zhè shì Bǎoluó hé tā de péngyoumen de zhàopiàn. Zuǒbian shì Xiǎoyǔ,

右边是英男，西蒙在小雨和英男中间。保罗在哪儿？
yòubian shì Yīngnán, Xīméng zài Xiǎoyǔ hé Yīngnán zhōngjiān. Bǎoluó zài nǎr?

保罗在西蒙和英男后边。
Bǎoluó zài Xīméng hé Yīngnán hòubian.

4 릴리의 책상 🎧 01-05

这是莉莉的桌子。桌子上边有一本书、一个台灯，
Zhè shì Lìli de zhuōzi.　　Zhuōzi shàngbian yǒu yì běn shū、yí ge táidēng,

还有一张莉莉男朋友的照片。桌子下边是莉莉的书包。
hái yǒu yì zhāng Lìli nánpéngyou de zhàopiàn. Zhuōzi xiàbian shì Lìli de shūbāo.

抽屉里有什么？抽屉里有一块巧克力。
Chōuti li yǒu shénme?　Chōuti li yǒu yí kuài qiǎokèlì.

1. 존재문

동사 '在' '有' '是'는 모두 '존재'를 나타낼 수 있다. 이 동사들이 술어로 쓰이면, 문장의 어순은 각각 다음과 같다.

> 사람(사물) + 在 + 장소 　　　　　　 장소 + 有(是) + 사람(사물)

保罗在西蒙后边。 폴은 사이먼 뒤쪽에 있다.
Bǎoluó zài Xīméng hòubian.

学校附近有很多饭馆和商店。 학교 근처에는 음식점과 상점이 많이 있다.
Xuéxiào fùjìn yǒu hěn duō fànguǎn hé shāngdiàn.

桌子下边是莉莉的书包。 책상 밑에 있는 것은 릴리의 책가방이다.
Zhuōzi xiàbian shì Lìli de shūbāo.

'有'를 사용한 존재문과 '是'를 사용한 존재문은 다음과 같은 두 가지 차이점이 있다.

(1) '有'를 사용한 문장은 단순히 어떤 장소에 어떤 사람이나 사물이 존재함을 설명하지만, '是'를 사용한 문장은 어떤 사람이나 사물이 그 장소에 존재한다는 것을 이미 알고 있는 상태에서 한 걸음 더 나아가 그것이 누구인지 또는 무엇인지를 설명한다.

我家附近有一个商店。 우리 집 근처에는 상점이 하나 있다.
Wǒ jiā fùjìn yǒu yí ge shāngdiàn.

我家附近的商店是易买得。 우리 집 근처에 있는 상점은 이마트이다.
Wǒ jiā fùjìn de shāngdiàn shì Yìmǎidé.

(2) '有'를 사용한 문장의 목적어는 특정한 대상이 올 수 없지만, '是'를 사용한 문장의 목적어는 특정한 대상이 올 수도 있고 불특정한 대상이 올 수도 있다.

图书馆对面有我们学校。(✗)

图书馆对面是我们学校。(○) 도서관 맞은편은 우리 학교이다.
Túshūguǎn duìmiàn shì wǒmen xuéxiào.

문제로 확인

• 그림을 보고 '**有**'를 넣어 대화를 완성해 보세요.

❶

A _____?

B 学校里边有医院。

❷

A 附近有药店吗?

B _____。

❸

A 桌子上有照片吗?

B _____。

❹

A _____?

B 丹尼尔旁边没有人。

• 그림을 보고 '**是**'를 넣어 대화를 완성해 보세요.

❶

A _____?

B 莉莉前边是直美。

❷

A 七号楼东边是几号楼?

B _____。

❸

A _____?

B 床下边是保罗的鞋。

❹

A _____?

B 小雨房间对面是姐姐的房间。

♣ 그림을 보고 '**在**'를 넣어 대화를 완성해 보세요.

❶

安娜　莉莉　直美

A 莉莉在哪儿?

B _____。

❷

A 邮局在哪儿?

B _____。

❸

A 眼镜在哪儿?

B _____。

❹

A 闹钟在哪儿?

B _____。

❏ '在' '有(没有)' '是'를 넣어 빈칸을 채워 보세요.

A 我的眼镜_____哪儿？

B _____桌子上吧。

A 不_____桌子上。

B 床上_____吗？

A 床上也_____。

B 咦(yí, 어, 아니)，你眼睛前边_____什么？

A 啊！_____这儿！

❷ 방위사

방위를 나타내는 명사를 방위사라고 하는데, 예를 들어 '前边(앞쪽)' '后边(뒤쪽)' '里边(안쪽)' '外边(바깥쪽)' '旁边(옆)' '中间(가운데)' 등이 있다. 이러한 방위사는 일반 명사와 마찬가지로 주어, 목적어, 관형어로 쓰일 수 있으며, 관형어의 수식을 받을 수도 있다.

左边是小雨，右边是英男。 왼쪽은 샤오위, 오른쪽은 영남이다.
Zuǒbian shì Xiǎoyǔ, yòubian shì Yīngnán.

图书馆楼在办公楼西边。 도서관 건물은 사무동 서쪽에 있다.
Túshūguǎnlóu zài bàngōnglóu xībian.

上边的书是我的。 위쪽의 책은 내 것이다.
Shàngbian de shū shì wǒ de.

学校东边有一个电影院。 학교 동쪽에 영화관이 있다.
Xuéxiào dōngbian yǒu yí ge diànyǐngyuàn.

방위사가 관형어로 쓰일 경우, 일반적으로 뒤에 '的'를 붙인다.

上边的书 위쪽의 책　　　　右边的房间 오른쪽의 방
shàngbian de shū　　　　yòubian de fángjiān

반대로 방위사가 관형어의 수식을 받을 때는 앞에 '的'를 쓰지 않아도 된다.

学校东边 학교 동쪽　　　　小雨左边 샤오위 왼쪽
xuéxiào dōngbian　　　　Xiǎoyǔ zuǒbian

1. 자신과 자신 주위에 있는 사람이나 사물의 위치를 중국어로 설명해 보세요.

   我前边是……

2. 그림을 보고 주어진 상황에 맞게 대화를 만들어 보세요.

   ①

   상황 당신은 3호동에 살고 있다. 친구가 당신에게 3호동의 위치와 주위 환경에 대해 묻는다.
   역할 당신과 친구

❷

상황 반 친구들과 선생님이 함께 찍은 사진을 보고, 친구에게 사진 속 사람들에 대해 소개하려고 한다.
역할 당신과 친구

---

3 녹음을 듣고, 보기에서 알맞은 건물명을 찾아 지도에 써 넣으세요. 🎧 01-06

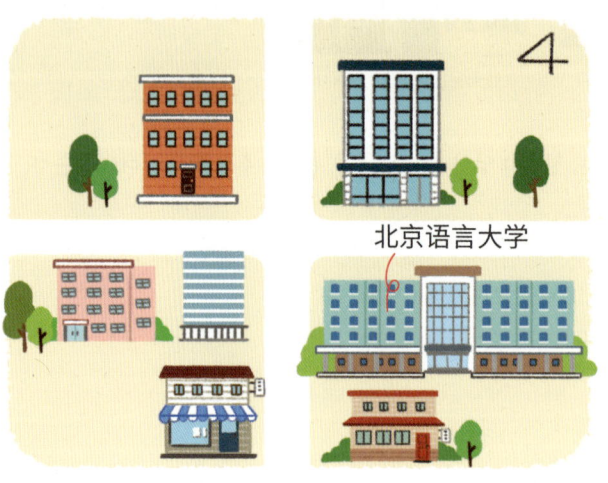

보기
小雨家
电影院
眼镜店
中国银行

중국 명승지와 명언

황산에 오르고 보니
천하에 볼만한 산이 더는 없도다.

登黄山天下无山，观止矣。
Dēng Huángshān tiānxià wú shān, guān zhǐ yǐ.

빨간색을 드릴까요, 파란색을 드릴까요?

要红的还是要蓝的?
Yào hóng de háishi yào lán de?

02

- **학습 목표**
  선택의문문을 묻고 답할 수 있다.

- **어법 포인트**
  的자 구조 | 선택의문문 | 금액 표현법

단어 익히기

🎧 02-01

🔵 회화 단어

- 支 zhī 양 자루[가늘고 긴 물건을 세는 단위]
- 圆珠笔 yuánzhūbǐ 명 볼펜
- 红 hóng 형 붉다, 빨갛다
- 还是 háishi 접 아니면, 또는
- 蓝 lán 형 푸르다, 파랗다
- 样 yàng 양 종류
- 别的 bié de 대 다른 것
- 了 le 조 [문장 끝에 쓰여 변화 또는 새로운 상황의 출현을 나타냄]
- 卖 mài 동 팔다, 판매하다
- 啤酒 píjiǔ 명 맥주
- 瓶 píng 양 명 병
- 再 zài 부 더, 다시
- 听 tīng 양 캔, 통[깡통 따위를 세는 단위]
- 一共 yígòng 부 합계, 모두
- 给 gěi 동 주다
- 零钱 língqián 명 잔돈
- 找(钱) zhǎo (qián) 동 (돈을) 거슬러 주다
- 零 líng 수 영, 0
- 数 shǔ 동 세다, 헤아리다
- 一下儿 yíxiàr 수량 좀/한번/잠시 ~해 보다
- 橘子 júzi 명 귤
- 斤 jīn 양 근[무게 단위]
- 甜 tián 형 (맛이) 달다, 달콤하다
- 尝 cháng 동 맛보다
- 西红柿 xīhóngshì 명 토마토
- 怎么 zěnme 대 어떻게, 어째서
- 新鲜 xīnxiān 형 신선하다, 싱싱하다
- 摘 zhāi 동 따다, 꺾다, 뜯다
- 极了 jí le [형용사 뒤에서 정도를 강조함]

🟢 어법 단어

- 酸 suān 형 (맛이) 시다, 시큼하다
- 辆 liàng 양 대[차량 등을 셀 때 쓰는 단위]
- 自行车 zìxíngchē 명 자전거
- 铅笔 qiānbǐ 명 연필
- 苹果 píngguǒ 명 사과
- 凉 liáng 형 서늘하다, 차갑다, 선선하다
- 热 rè 형 덥다, 뜨겁다
- 短 duǎn 형 짧다
- 面包 miànbāo 명 빵
- 咖啡 kāfēi 명 커피
- 牛奶 niúnǎi 명 우유

🟠 고유명사

- 可口可乐 Kěkǒu-kělè 고유 코카콜라
- 青岛 Qīngdǎo 고유 칭다오[지명]

회화 배우기

1 빨간색을 드릴까요, 파란색을 드릴까요? 🎧 02-02

(상점에서)

폴: 买两支圆珠笔。
Mǎi liǎng zhī yuánzhūbǐ.

점원: 要红的还是要蓝的?
Yào hóng de háishi yào lán de?

폴: 一样一支。❶
Yí yàng yì zhī.

점원: 还要别的吗?
Hái yào bié de ma?

폴: 不要了。❷
Bú yào le.

2 칭다오 맥주 있나요? 🎧 02-03

폴: 请问，哪儿卖啤酒? ❸
Qǐngwèn, nǎr mài píjiǔ?

점원: 那儿卖。
Nàr mài.

폴: 有青岛啤酒吗?
Yǒu Qīngdǎo píjiǔ ma?

점원: 有，要几瓶?
Yǒu, yào jǐ píng?

폴: 要四瓶，再要两听可口可乐。
Yào sì píng, zài yào liǎng tīng Kěkǒu-kělè.

❸ 모두 얼마죠? 🎧 02-04

폴 一共多少钱?
Yígòng duōshao qián?

점원 十九块四。
Shíjiǔ kuài sì.

폴 给你钱。❹
Gěi nǐ qián.

점원 您有零钱吗?
Nín yǒu língqián ma?

폴 没有。
Méiyǒu.

점원 您这是五十块,找您三十块六毛,请数一下儿。
Nín zhè shì wǔshí kuài, zhǎo nín sānshí kuài liù máo, qǐng shǔ yíxiàr.

❹ 토마토는 어떻게 파나요? 🎧 02-05

(시장에서)

나오미 橘子多少钱一斤?
Júzi duōshao qián yì jīn?

상인 大的三块钱一斤,小的十块钱四斤。
Dà de sān kuài qián yì jīn, xiǎo de shí kuài qián sì jīn.

나오미 甜不甜?
Tián bu tián?

상인 您尝一下儿,不甜不要钱。❺
Nín cháng yíxiàr, bù tián bú yào qián.

* * * * * * * * * * *

나오미 西红柿怎么卖？❻
　　　　Xīhóngshì zěnme mài?

상인 一斤三块八。
　　　　Yì jīn sān kuài bā.

나오미 新鲜不新鲜？
　　　　Xīnxiān bu xīnxiān?

상인 这是今天早上摘的，新鲜极了。
　　　　Zhè shì jīntiān zǎoshang zhāi de, xīnxiān jí le.

신공략 포인트

❶ 一样一支　종류마다 한 자루씩
여기서 '一样'은 '종류마다'라는 의미를 나타내며, 그 뒤의 수량사 '一支'는 필요한 수량을 나타낸다.

❷ 不要了。　필요 없어요.
'了'는 어기조사로, 상황의 변화를 나타낸다.

❸ 哪儿卖啤酒？　맥주는 어디에서 파나요?
'哪儿卖'는 어떤 물건을 어디에서 파는지 물을 때 쓰는 표현이다.

❹ 给你钱。　여기 있어요.
'给你钱'은 술어 '给'에 '你'와 '钱' 두 개의 목적어가 딸린 이중목적어문이다. '你'는 사람을 나타내는 간접목적어이고, '钱'은 물건을 나타내는 직접목적어이다.

❺ 不甜不要钱。　안 달면 돈 안 받을게요.
이 문장은 축약된 형태로, '如果橘子不甜，我就不要你的钱。(만약 귤이 달지 않으면, 돈을 받지 않을게요.)'의 의미이다.

❻ 怎么卖？　어떻게 팔아요?
'怎么卖?'는 가격을 묻는 표현으로, 주로 수량에 따라 파는 물건의 가격을 물을 때 자주 사용한다.

1 '的'자 구조

명사, 인칭대사, 형용사 등의 뒤에 '的'를 붙이면 '的'자 구조를 만들 수 있다. '的'자 구조는 명사처럼 쓸 수 있다.

这本书是西蒙的。(西蒙的=西蒙的书) 이 책은 사이먼 것이다.(사이먼 것=사이먼의 책)
Zhè běn shū shì Xīméng de.

A 这本书是你的吗? 이 책은 당신 것인가요?
　Zhè běn shū shì nǐ de ma?

B 不是，我的在桌子上边。(我的=我的书) 아니요. 제 것은 책상 위에 있습니다.(제 것=제 책)
　Búshì, wǒ de zài zhuōzi shàngbian.

大的三块钱一斤。(大的=大的橘子) 큰 것은 한 근에 3위안입니다.(큰 것=큰 귤)
Dà de sān kuài qián yì jīn.

문제로 확인

• 그림을 보고 대화를 완성해 보세요.

A 这是谁的?
B _____。

A 这是你的吗?
B _____。

A 这是不是酸的?
B _____。

A 哪辆自行车是你的?
B _____。

2 선택의문문

접속사 '还是'를 사용하여 가능성이 있는 두 가지의 대답을 연결함으로써 의문문을 만들 수 있다. 이러한 의문문을 '선택의문문'이라고 한다.

> A 你去还是我去? 당신이 갈래요, 제가 갈까요?
> Nǐ qù háishi wǒ qù?
>
> B 我去吧。 제가 갈게요.
> Wǒ qù ba.
>
> A 你回家还是去商店? 집으로 가나요, 상점으로 가나요?
> Nǐ huíjiā háishi qù shāngdiàn?
>
> B 我回家。 집으로 가요.
> Wǒ huíjiā.
>
> A 你要红的还是蓝的? 빨간색을 드릴까요, 파란색을 드릴까요?
> Nǐ yào hóng de háishi lán de?
>
> B 我要红的。 빨간색을 주세요.
> Wǒ yào hóng de.
>
> A 你下午去图书馆还是晚上去? 도서관에 오후에 가나요, 저녁에 가나요?
> Nǐ xiàwǔ qù túshūguǎn háishi wǎnshang qù?
>
> B 我晚上去。 저녁에 가요.
> Wǒ wǎnshang qù.

'是'자문의 선택의문문 형식은 다음과 같다.

> A 这是你的书还是他的? 이것은 당신 책인가요, 그의 책인가요?
> Zhè shì nǐ de shū háishi tā de?
>
> B 这是他的书。 이것은 그의 책이에요.
> Zhè shì tā de shū.
>
> A 你是日本人还是韩国人? 당신은 일본인인가요, 한국인인가요?
> Nǐ shì Rìběn rén háishi Hánguó rén?
>
> B 我是韩国人。 저는 한국인이에요.
> Wǒ shì Hánguó rén.

문제로 확인

• 그림을 보고 선택의문문 형식으로 질문을 만들어 보세요.

❶

A _____?

B 这是铅笔。

❷

A _____?

B 这是我妹妹。

❸

A _____?

B 我喝可乐。

❹

A _____?

B 我要苹果。

❺

A _____?

B 今天是星期四。

❻

A _____?

B 我要大的。

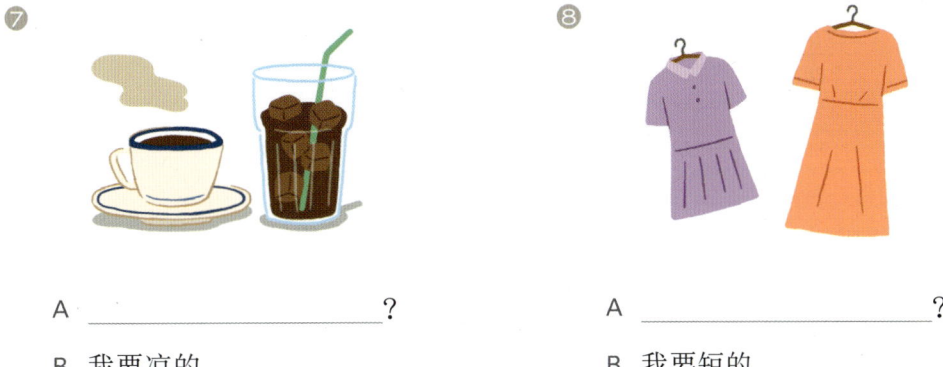

❼
A _____?
B 我要凉的。

❽
A _____?
B 我要短的。

3 금액 표현법

인민폐(人民币)의 공식적인 화폐 단위는 '元' '角' '分'이다. 그러나 일상회화에서는 일반적으로 '元' 대신 '块'를, '角' 대신 '毛'를 사용한다. 금액을 표현하는 방법은 다음과 같다.

10.00元	十元(块) shí yuán(kuài)
10.50元	十元(块)五角(毛) shí yuán(kuài) wǔ jiǎo(máo)
10.58元	十元(块)五角(毛)八(分) shí yuán(kuài) wǔ jiǎo(máo) bā (fēn)
10.09元	十元(块)零九分 shí yuán(kuài) líng jiǔ fēn

'角(毛)'나 '分'이 금액의 끝 단위인 경우에는 생략할 수 있다.

'元(块)' '角(毛)' '分' 중 하나의 단위만 쓰일 경우, 구어체에서는 일반적으로 마지막에 '钱'을 붙인다.

10.00元	十块钱 shí kuài qián
0.50元	五毛钱 wǔ máo qián
0.05元	五分钱 wǔ fēn qián

❋ '2'는 양사 앞에서 단독으로 쓰이면 '两'으로 읽는다.

2.00元	两块 liǎng kuài
0.20元	两毛 liǎng máo
0.02元	两分 liǎng fēn

※ '2'가 수의 마지막 자리에 쓰이면 '二'로 읽는다.

2.20元	两块二 liǎng kuài èr
2.22元	两块两毛二 liǎng kuài liǎng máo èr
12.02元	十二块零二 shí'èr kuài líng èr

문제로 확인

● 그림을 보고 대화를 완성해 보세요.

❶

A 这个面包多少钱?
B _____。

❷

A 西红柿多少钱一斤?
B _____。

❸

A 这辆自行车多少钱?
B _____。

❹

A 两杯咖啡、一杯牛奶,
　一共多少钱?
B _____。

1 지문을 읽고 주어진 상황에 맞게 대화를 만들어 보세요.

❶
> 我们学校里有一个小商店，那儿卖笔、本子，也卖面包、啤酒、**矿泉水**等。商店对面有一个邮局，那儿卖**邮票**和**信封**。
>
> **矿泉水** kuàngquánshuǐ 명 생수, 광천수 | **等** děng 조 등, 따위 | **邮票** yóupiào 명 우표 | **信封** xìnfēng 명 편지봉투
>
> ✱ '信封'의 양사는 '个', '邮票'의 양사는 '张'

상황 당신은 상점에 가서 공책과 펜, 빵과 물을 사고, 편지봉투와 우표도 사려고 한다.
역할 당신과 판매원

❷
> 南门旁边有一个水果店。那儿有很多**水果**，有苹果、橘子，还有**香蕉**、**西瓜**等。那儿卖的橘子很甜。水果店旁边还有一个蔬菜店，那儿的**蔬菜**都很新鲜。
>
> **水果** shuǐguǒ 명 과일 | **香蕉** xiāngjiāo 명 바나나 | **西瓜** xīguā 명 수박 | **蔬菜** shūcài 명 채소

상황 당신은 남문(南门) 옆에 가서 물건을 사려고 한다.
역할 당신과 상인

2 다음 그림의 상황을 연결하여 이야기를 만들어 보세요.

王二在路边卖杏，一个女人问王二：

_____

_____

_____

_____

_____

| 杏 xìng 명 살구 | 路边 lùbiān 명 길가 | 女人 nǚrén 명 여자 | 男人 nánrén 명 남자 | 老人 lǎorén 명 노인 |

3 녹음을 듣고, 녹음과 의미가 같거나 비슷한 문장을 골라 보세요. 🎧 02-06

❶ A 买一斤苹果、两斤橘子。
　 B 买苹果，不买橘子。
　 C 买一斤苹果、一斤橘子。

❷ A 苹果九块钱一斤。
　 B 苹果四块五一斤。
　 C 苹果十块钱一斤。

❸ A 我的橘子不甜。
　 B 我的橘子很甜。
　 C 我的橘子不要钱。

❹ A 西红柿多少钱?
　 B 西红柿卖不卖?
　 C 西红柿怎么样?

추천 좀
해 주세요.

您给我介绍介绍。
Nín gěi wǒ jièshào jièshào.

03

- **학습 목표**
  동사의 중첩 형식을 배울 수 있다.

- **어법 포인트**
  조동사 想, 要 | 동사의 중첩 | 又……又…… | 一点儿과 有一点儿

단어 익히기

🎧 03-01

🔊 회화 단어

- 想 xiǎng [조동] ~하고 싶다
- 手机 shǒujī [명] 핸드폰, 휴대폰
- 给 gěi [개] ~에게, ~을 위해서
- 介绍 jièshào [동] 소개하다
- 千 qiān [수] 천, 1,000
- 左右 zuǒyòu [명] 가량, 내외
- 牌子 páizi [명] 상표, 브랜드
- 质量 zhìliàng [명] 품질
- 又……又…… yòu……yòu…… ~하면서 동시에 ~하다
- 价钱 jiàqián [명] 가격, 값
- 便宜 piányi [명] (값이) 싸다
- 样子 yàngzi [명] 모양, 모습
- 挺 tǐng [부] 꽤, 매우, 상당히
- 好看 hǎokàn [형] 아름답다, 보기 좋다
- 双 shuāng [양] 쌍, 켤레[쌍으로 이루어진 물건을 세는 단위]
- 号 hào [명] 호, 사이즈
- 可以 kěyǐ [조동] ~할 수 있다[가능, 능력], ~해도 된다[허가]
- 试 shì [동] 시험하다, 시험 삼아 해 보다
- 有点儿 yǒudiǎnr [부] 조금, 약간
- 一点儿 yìdiǎnr [수량] 조금
- 半 bàn [수] 절반, 2분의 1
- 合适 héshì [형] 적당하다, 알맞다
- 件 jiàn [양] 건, 벌[사건, 의복 등을 세는 단위]
- 白 bái [형] 희다, 하얗다
- 真丝 zhēnsī [명] 견사, 실크
- 衬衣 chènyī [명] 셔츠, 블라우스
- 颜色 yánsè [명] 색, 색깔
- 只 zhǐ [부] 단지, 겨우
- 种 zhǒng [양] 종류
- 行 xíng [동] 좋다, ~해도 좋다

✏️ 어법 단어

- 包子 bāozi [명] (소가 든) 찐빵, 빠오즈
- 旅行 lǚxíng [동] 여행하다
- 东西 dōngxi [명] 물건, 것
- 带 dài [동] (몸에) 지니다, 휴대하다
- 雨伞 yǔsǎn [명] 우산
- 用 yòng [동] 쓰다, 사용하다
- 饺子 jiǎozi [명] 만두, 교자, 쟈오즈
- 算 suàn [동] 계산하다, 세다
- 条 tiáo [양] 줄, 가닥[가늘고 긴 것을 세는 단위]
- 裤子 kùzi [명] 바지
- 同屋 tóngwū [명] 룸메이트
- 电脑 diànnǎo [명] 컴퓨터
- 饿 è [형] 배고프다
- 渴 kě [형] 목이 타다, 갈증 나다
- 乱 luàn [형] 어지럽다, 무질서하다
- 老 lǎo [형] 늙다, 나이가 들다

회화 배우기

1. 얼마짜리로 사실 건가요? 🎧 03-02

영남: 我想买个手机❶，您给我介绍介绍。
Wǒ xiǎng mǎi ge shǒujī, nín gěi wǒ jièshào jièshào.

판매원: 您想买多少钱的？
Nín xiǎng mǎi duōshao qián de?

영남: 两千块左右的。
Liǎng qiān kuài zuǒyòu de.

판매원: 您看看这个牌子的，质量又好，价钱又便宜。
Nín kànkan zhège páizi de, zhìliàng yòu hǎo, jiàqián yòu piányi.

영남: 样子也挺好看。
Yàngzi yě tǐng hǎokàn.

2. 신어 봐도 될까요? 🎧 03-03

영남: 这双鞋是多大号的？
Zhè shuāng xié shì duō dà hào de?

판매원: 45号的。
Sìshíwǔ hào de.

영남: 我可以试试吗？
Wǒ kěyǐ shìshi ma?

판매원: 可以。
Kěyǐ.

| 영남 | 这双有点儿小，有大一点儿的吗？
Zhè shuāng yǒudiǎnr xiǎo, yǒu dà yìdiǎnr de ma?

| 판매원 | 有，您再试试45号半的。
Yǒu, nín zài shìshi sìshíwǔ hào bàn de.

| 영남 | 这双不大也不小，挺合适。
Zhè shuāng bú dà yě bù xiǎo, tǐng héshì.

3 무엇을 사시겠습니까? 🎧 03-04

| 판매원 | 您要买点儿什么？❷
Nín yào mǎi diǎnr shénme?

| 릴리 | 我看看那件白的真丝衬衣。有别的颜色的吗？
Wǒ kànkan nà jiàn bái de zhēnsī chènyī. Yǒu bié de yánsè de ma?

| 판매원 | 没有，只有这一种颜色。
Méiyǒu, zhǐ yǒu zhè yì zhǒng yánsè.

| 릴리 | 多少钱一件？
Duōshao qián yí jiàn?

| 판매원 | 一百八。
Yìbǎi bā.

| 릴리 | 太贵了，便宜点儿吧。❸
Tài guì le, piányi diǎnr ba.

| 판매원 | 您给一百六吧。
Nín gěi yìbǎi liù ba.

| 릴리 | 再便宜点儿，一百五怎么样？
Zài piányi diǎnr, yìbǎi wǔ zěnmeyàng?

| 판매원 | 行。
Xíng.

신공략 포인트

❶ **我想买个手机。** 핸드폰을 사려고 하는데요.
양사 앞의 '一'는 문장의 맨 앞에 쓰였을 경우가 아니라면 생략할 수도 있다. 일반적으로 '一'가 '하나'라는 수치적 의미를 강하게 나타내지 않을 경우에는 생략할 수 있지만, '하나'라는 수치적 의미가 강한 경우에는 문장의 맨 앞이 아니더라도 생략할 수 없다.
예 我买了一本书，他买了两本书。 나는 책 한 권을 샀고, 그는 책 두 권을 샀다.

❷ **您要买点儿什么?** 무엇을 사시겠습니까?
구어체에서는 일반적으로 '一点儿'의 '一'를 생략한다.

❸ **便宜点儿吧。** 좀 깎아 주세요.
어기조사 '吧'는 '요청·권고·명령·상의·동의'를 나타내는 문장에 사용할 수 있고, 전체 문장의 어감을 부드럽게 한다. 일반적으로 주어가 2인칭일 때는 '요청·권고·명령' 등의 어감을 나타내고, 주어가 1인칭일 경우에는 '상의·동의' 등을 나타낸다.

1 조동사 '想'

'想'은 '~할 계획이다', '~하기를 바라다'라는 의미로, 주관적인 바람을 나타낸다.

A 你想去图书馆吗?
Nǐ xiǎng qù túshūguǎn ma?
도서관에 가고 싶나요?

B 我不想去图书馆，我想在家看电视。
Wǒ bù xiǎng qù túshūguǎn, wǒ xiǎng zài jiā kàn diànshì.
저는 도서관에 가고 싶지 않고, 집에서 텔레비전을 보고 싶어요.

문제로 확인

● 그림을 보고 주어진 단어를 넣어 질문에 답해 보세요.

他们想做什么?
그들은 무엇을 하고 싶나요?

吃、包子

旅行

_____ _____

2 조동사 '要'

'~할 것이다', '~하고야 말 것이다'라는 의미로, 주관적인 의지나 염원을 나타낸다. 부정형은 '不想'이다.

下午我**要**给妈妈打个电话。
Xiàwǔ wǒ yào gěi māma dǎ ge diànhuà.
오후에 엄마한테 전화를 할 것이다.

A 你**要**买点儿苹果吗?
　Nǐ yào mǎi diǎnr píngguǒ ma?
　사과 사시려고요?

B 我**不想**买苹果，我想买点儿西红柿。
　Wǒ bù xiǎng mǎi píngguǒ, wǒ xiǎng mǎi diǎnr xīhóngshì.
　사과는 안 살 거고, 토마토를 좀 사려고요.

'~해야 한다', '마땅히 ~해야만 한다'라는 의미로, 객관적인 사실에서의 필요를 나타낸다. 부정형은 '不用'이다.

A 东西很多，**要**我帮你吗?
　Dōngxi hěn duō, yào wǒ bāng nǐ ma?
　물건이 많은데, 내가 도와줄까요?

B 谢谢，**不用**。
　Xièxie, búyòng.
　고맙지만 그럴 필요 없어요.

문제로 확인

● '**不想**'이나 '**不用**'을 넣어 문장을 완성해 보세요.

❶ A 你要喝咖啡吗?

　B 我＿＿＿＿＿喝咖啡，我要喝牛奶。

❷ A 要不要带雨伞?

　B 天气很好，＿＿＿＿＿带雨伞。

❸ A 要我跟他说吗?

　B ＿＿＿＿＿，他知道。

❹ A 今晚咱们去饭馆吃饭，怎么样?

　B 我＿＿＿＿＿去饭馆，我想在家吃。

03 您给我介绍介绍。

3 동사의 중첩

일부 동사는 중첩하여 사용할 수 있는데, 가볍고 편한 어기를 나타낸다. 또한, 동작의 경과 시간이 짧거나 시험 삼아 해 본다는 의미를 나타내기도 한다. 1음절 동사의 중첩형식은 'AA' 혹은 'A一A'이고, 2음절 동사의 중첩형식은 'ABAB'이다.

我想买个手机，您给我介绍介绍。
Wǒ xiǎng mǎi ge shǒujī, nín gěi wǒ jièshào jièshào.
핸드폰을 사려고 하는데, 추천 좀 해 주세요.

这双鞋我可以试一试吗?
Zhè shuāng xié wǒ kěyǐ shì yi shì ma?
이 신발을 신어 봐도 될까요?

星期天在家看看电视，听听音乐，休息休息，真好！
Xīngqītiān zài jiā kànkan diànshì, tīngting yīnyuè, xiūxi xiūxi, zhēn hǎo!
일요일에는 집에서 텔레비전도 보고, 음악도 듣고, 휴식도 취할 수 있으니 정말 좋아요!

문제로 확인

● 그림을 보고 밑줄 친 자리에 주어진 단어를 넣어 교체 연습을 해 보세요.

(1) 보기

我可以试试 这件衣服吗?

❶

看

❷

用

❸

尝、橘子

(2) 보기

你尝尝，饺子怎么样？

❶

看

❷

算

❸

试、条、裤子

4 又……又……

'又……又……'는 두 가지 성질이나 상황이 동시에 존재함을 나타낸다.

那件衣服又贵又不好看。
Nà jiàn yīfu yòu guì yòu bù hǎokàn.
저 옷은 비싼 데다가 예쁘지도 않다.

这个牌子的手机质量又好，价钱又便宜。
Zhège páizi de shǒujī zhìliàng yòu hǎo, jiàqián yòu piányi.
이 브랜드의 핸드폰은 품질도 좋고 가격도 저렴하다.

문제로 확인

- '又……又……'를 넣어 문장을 완성해 보세요.

  ❶ 我同屋_____。

  ❷ 那件衬衣_____。

❸ 颐和园＿＿＿＿＿＿＿＿＿＿＿＿＿。

❹ 小玲的姐姐＿＿＿＿＿＿＿，＿＿＿＿＿＿＿。

❺ 我们班同学＿＿＿＿＿＿＿，＿＿＿＿＿＿＿。

5 '一点儿'과 '有一点儿'

'一点儿'은 수량사로서 양이 적음을 나타내고, 주로 명사를 수식한다. '一'는 종종 생략되기도 한다.

今天我只吃了一点儿饭。 오늘 나는 밥을 조금밖에 못 먹었다.
Jīntiān wǒ zhǐ chī le yìdiǎnr fàn.

我想去商店买点儿东西。 상점에 가서 물건을 좀 사고 싶다.
Wǒ xiǎng qù shāngdiàn mǎi diǎnr dōngxi.

'一点儿'은 형용사 뒤에 쓰여 정도가 경미함을 나타내기도 한다.

有大一点儿的鞋吗? 조금 더 큰 신발이 있나요?
Yǒu dà yìdiǎnr de xié ma?

明天我要早点儿来教室。 내일은 교실에 좀 더 일찍 와야겠어요.
Míngtiān wǒ yào zǎo diǎnr lái jiàoshì.

'有一点儿'은 주로 동사나 형용사 앞에서 부사어로 쓰여 정도가 경미함을 나타낸다. 형용사 앞에 쓰일 때에는 대부분 어떤 것에 대한 평가나 상황이 만족스럽지 않다는 의미를 나타낸다. '一'는 대체로 생략해서 쓴다.

那件衬衣有点儿贵。 저 셔츠는 조금 비싸다.
Nà jiàn chènyī yǒudiǎnr guì.

今天我有点儿累，不想吃饭。 오늘은 좀 피곤해서 밥을 먹고 싶지 않다.
Jīntiān wǒ yǒudiǎnr lèi, bù xiǎng chī fàn.

他有点儿不高兴。 그는 기분이 좀 나쁘다.
Tā yǒudiǎnr bù gāoxìng.

문제로 확인

- 그림을 보고 '**一点儿**'이 들어간 문장에 주어진 단어를 넣어 교체 연습을 해 보세요.

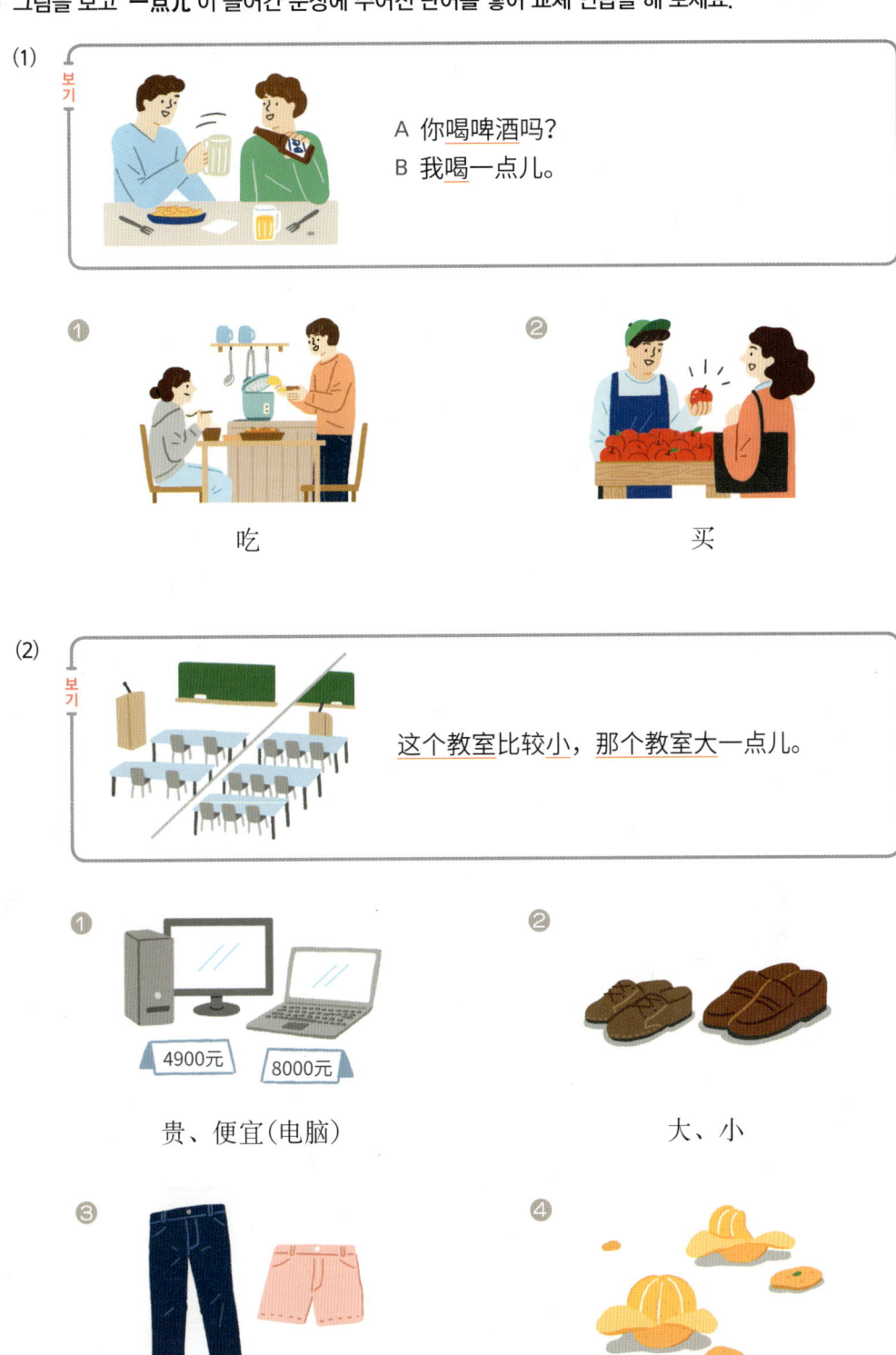

(1) 보기
A 你喝啤酒吗?
B 我喝一点儿。

① 吃
② 买

(2) 보기
这个教室比较小，那个教室大一点儿。

① 贵、便宜(电脑)
② 大、小
③ 长、短
④ 甜、酸

◦ 그림을 보고 '**有点儿**'이 들어간 문장에 주어진 단어를 넣어 교체 연습을 해 보세요.

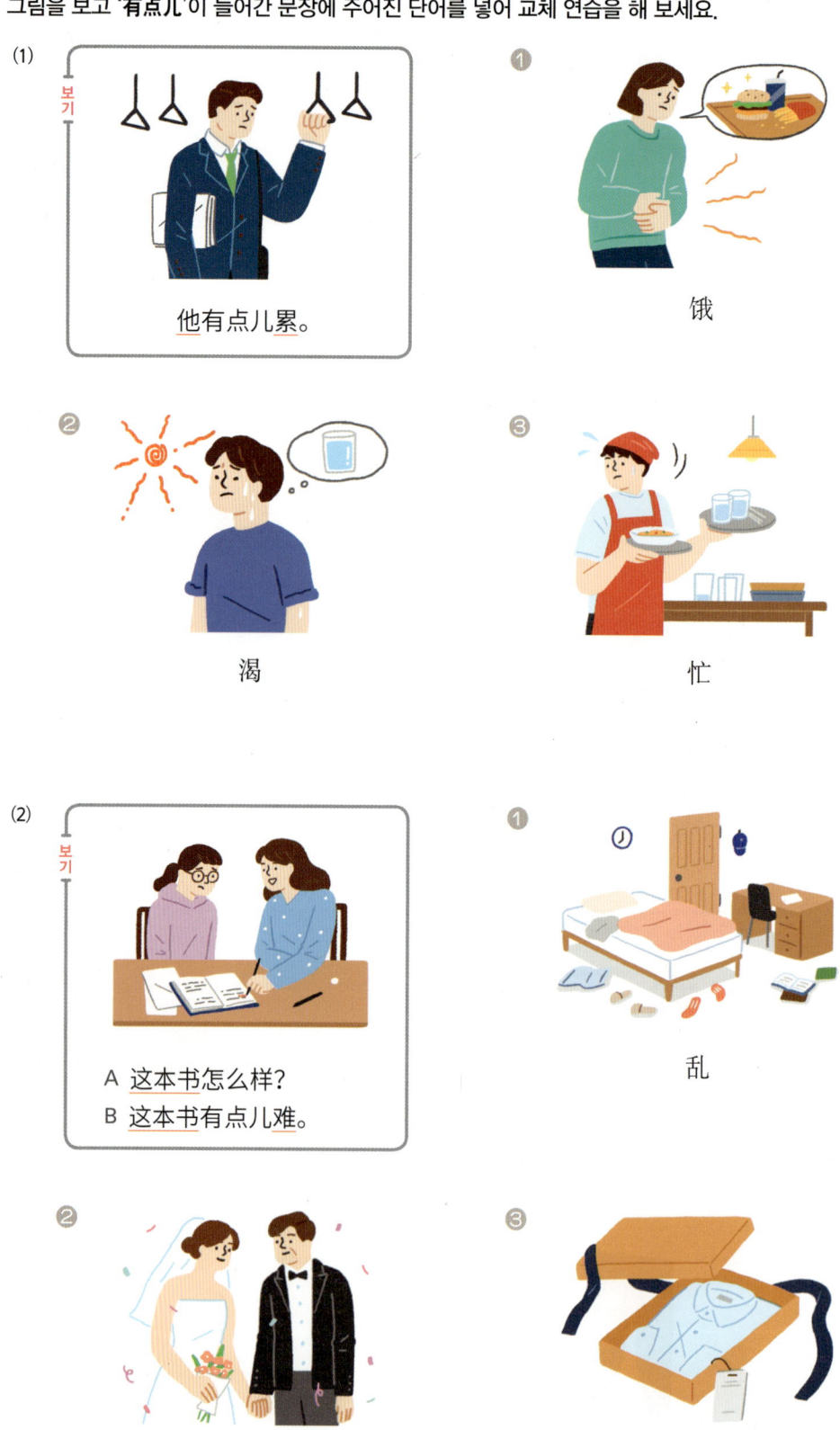

(1) 보기: 他有点儿累。
① 饿
② 渴
③ 忙

(2) 보기: A 这本书怎么样?
B 这本书有点儿难。
① 乱
② 老
③ 贵

1 주어진 화제로 대화를 나누어 보세요.

① 我想买……，你给我介绍介绍。

② ……，我可以试试吗？

③ 太贵了，便宜点儿吧。

2 주어진 단어를 사용하여 아래 사물을 묘사해 보세요.

| 质量 | 价钱 | 样子 | 好 | 好看 | 贵 | 便宜 | 又……又…… | 有点儿 |

①

TCL牌电视机

❷

英男的手机

❸

直美的衬衣

3 녹음을 듣고 질문에 답한 후, 내용을 다시 중국어로 말해 보세요. 🎧 03-05

❶ 这双鞋是在哪儿买的?

❷ 那个鞋店卖的鞋怎么样?

❸ 这双鞋多少钱?

莉莉的新鞋

중국 명승지와 명언

루산의 진면목을 알 수 없는 것은 단지 내가 이 산중에 있기 때문이다.

不识庐山真面目, 只缘身在此山中。
Bù shí Lúshān zhēnmiànmù, zhǐ yuán shēn zài cǐ shān zhōng.

우리 먹어 보러 갈래요?

咱们去尝尝，好吗?
Zánmen qù chángchang, hǎo ma?

04

- **학습 목표**
  상대방의 의견을 물을 수 있다.

- **어법 포인트**
  ……, 好吗? | ……是…… | 이중목적어 동사술어문

단어 익히기

🎧 04-01

🔹 회화 단어

听说 tīngshuō 듣자니, 들은 바로는
菜 cài 명 요리, 반찬
好吃 hǎochī 형 맛있다
咱们 zánmen 대 우리(들)
事 shì 명 일, 업무, 사건
中午 zhōngwǔ 명 점심, 정오
菜单 càidān 명 식단, 메뉴
点 diǎn 동 주문하다
鱼香肉丝 yúxiāng ròusī 명 위샹러우쓰 [어향 돼지고기 볶음]
麻婆豆腐 mápó dòufu 명 마포떠우푸 [매콤한 두부 볶음 요리]
碗 wǎn 명 양 공기, 사발
米饭 mǐfàn 명 쌀밥
酸辣汤 suānlàtāng 명 쏸라탕 [시큼하고 매운맛의 국]
辣 là 형 맵다, 아리다
汤 tāng 명 탕, 국
饮料 yǐnliào 명 음료
壶 hú 명 양 주전자, 항아리
稍 shāo 부 잠시, 잠깐, 약간, 조금
觉得 juéde 동 ~라고 생각하다
不过 búguò 접 그런데, 그러나
油 yóu 명 기름
喜欢 xǐhuan 동 좋아하다, 마음에 들다
最 zuì 부 가장, 아주
呀 ya 조 아! 야! [놀람을 나타냄]

咸 xián 형 짜다
苦 kǔ 형 (맛이) 쓰다
就是 jiùshì 접 그렇지만, 다만
小姐 xiǎojiě 명 아가씨, 젊은 여자
结帐 jiézhàng 동 계산하다, 결제하다
餐巾纸 cānjīnzhǐ 명 종이 냅킨
付 fù 동 (돈을) 지불하다, 지급하다
请客 qǐngkè 동 접대하다, 한턱내다
以后 yǐhòu 명 이후

🔹 어법 단어

唱 chàng 동 노래하다
歌 gē 명 노래
有意思 yǒu yìsi 형 재미있다, 흥미 있다
空调 kōngtiáo 명 에어컨
难 nán 형 어렵다, 힘들다
汉字 Hànzì 명 한자
告诉 gàosu 동 알리다, 말하다
秘密 mìmì 명 비밀 형 비밀의
问题 wèntí 명 문제, 질문
问 wèn 동 묻다, 질문하다
年纪 niánjì 명 나이, 연령

🔹 고유명사

四川 Sìchuān 고유 쓰촨[지명]

회화 배우기

1 우리 먹어 보러 갈래요? 🎧 04-02

나오미 听说四川菜很好吃，咱们去尝尝，好吗?
Tīngshuō Sìchuān cài hěn hǎochī, zánmen qù chángchang, hǎo ma?

릴리 好啊，什么时候去?
Hǎo a, shénme shíhou qù?

나오미 今天晚上怎么样?
Jīntiān wǎnshang zěnmeyàng?

릴리 今天晚上我有事，明天中午好吗?
Jīntiān wǎnshang wǒ yǒu shì, míngtiān zhōngwǔ hǎo ma?

나오미 好!
Hǎo!

2 메뉴판 여기 있습니다. 🎧 04-03

종업원 这是菜单，请点菜。
Zhè shì càidān, qǐng diǎn cài.

나오미 来一个鱼香肉丝❶，一个麻婆豆腐，
Lái yí ge yúxiāng ròusī, yí ge mápó dòufu,

再来两碗米饭，一个酸辣汤。
zài lái liǎng wǎn mǐfàn, yí ge suānlàtāng.

종업원 要什么饮料?
Yào shénme yǐnliào?

나오미 来一壶茶。
Lái yì hú chá.

종업원 请稍等。
Qǐng shāo děng.

나오미 你觉得中国菜好吃吗?
Nǐ juéde Zhōngguó cài hǎochī ma?

릴리 好吃是好吃,不过油太多。
Hǎochī shì hǎochī, búguò yóu tài duō.

나오미 你喜欢吃什么菜?
Nǐ xǐhuan chī shénme cài?

릴리 我最喜欢吃韩国菜。我喜欢吃辣的。你呢?
Wǒ zuì xǐhuan chī Hánguó cài. Wǒ xǐhuan chī là de. Nǐ ne?

나오미 我呀,酸的、辣的、咸的、苦的都喜欢吃,
Wǒ ya, suān de、là de、xián de、kǔ de dōu xǐhuan chī,

就是不喜欢吃甜的。
jiùshì bù xǐhuan chī tián de.

③ 오늘은 내가 한턱낼게요. 🎧 04-04

나오미 小姐，结帐。
　　　　　Xiǎojiě, jiézhàng.

릴리 再给我们两张餐巾纸。
　　　　Zài gěi wǒmen liǎng zhāng cānjīnzhǐ.

나오미 我来付钱，今天我请客。
　　　　　Wǒ lái fù qián, jīntiān wǒ qǐngkè.

릴리 好，以后我请你吃韩国菜。❷
　　　　Hǎo, yǐhòu wǒ qǐng nǐ chī Hánguó cài.

신공략 포인트

❶ **来一个鱼香肉丝。** 위샹러우쓰 하나 주세요.
　상점, 특히 음식점에서는 '买'나 '要' 대신 '来'를 쓰는 것이 구어 표현에 더 적합하다.

❷ **我请你吃韩国菜。** 내가 한국요리를 살게요.
　이러한 문장 형식을 '겸어문(兼语句)'이라고 한다. '你'는 동사 '请'의 목적어이면서 동시에 동사 '吃'의 주어를 겸하고 있다.

04 咱们去尝尝，好吗？

1 ……, 好吗?

'……, 好吗?'를 사용한 질문은 건의를 하거나 상대방의 의견을 물을 때 주로 사용한다. 이런 종류의 의문문은 일반적으로 앞부분은 평서문이고, '好啊'나 '好'로 대답함으로써 동의를 나타낸다.

听说四川菜很好吃，咱们去尝尝，好吗?
Tīngshuō Sìchuān cài hěn hǎochī, zánmen qù chángchang, hǎo ma?
듣자니 쓰촨요리가 맛있다던데, 우리 먹어 보러 갈래요?

今天晚上我有事，明天中午好吗?
Jīntiān wǎnshang wǒ yǒu shì, míngtiān zhōngwǔ hǎo ma?
오늘 저녁에는 일이 있는데, 내일 점심에 괜찮아요?

문제로 확인

- 그림을 보고 '……, 好吗?'를 넣어 문장을 완성해 보세요.

❶

今天晚上, _____

_____? (唱, 歌)

❷

听说那个电影很有意思,

_____?

❸

A 咱们几点见面?

B _____?

❹

太贵了, _____

_____?

2 ……是……

'A是A' 형식은 먼저 어떤 사실을 인정하거나 받아들인 후, 바로 이어서 '不过' '但是' '就是' 등으로 전환하여 핵심적인 의견을 제시하고자 할 때 사용된다.

中国菜好吃是好吃，不过油太多。
Zhōngguó cài hǎochī shì hǎochī, búguò yóu tài duō.
중국 음식은 맛있기는 한데, 기름기가 너무 많다.

这件衬衣好看是好看，但是太贵了。
Zhè jiàn chènyī hǎokàn shì hǎokàn, dànshì tài guì le.
이 셔츠는 예쁘기는 한데, 너무 비싸다.

这双鞋便宜是便宜，就是不太好看。
Zhè shuāng xié piányi shì piányi, jiùshì bú tài hǎokàn.
이 신발은 싸긴 싼데, 그다지 예쁘지는 않다.

문제로 확인

- '……是……' 형식을 이용하여 대화를 완성해 보세요.

① A 这种牌子的空调质量好不好？
   B _____。

② A 汉语难吗？
   B _____。

③ A 韩国菜好吃不好吃？
   B _____。

④ A 你想不想买辆自行车？
   B _____。

3 이중목적어 동사술어문

어떤 동사는 두 개의 목적어를 동시에 가질 수 있다. 이때 간접목적어(일반적으로 사람을 가리킴)는 앞에, 직접목적어(일반적으로 사물을 가리킴)는 뒤에 온다.
이중목적어를 가질 수 있는 동사는 정해져 있는데, 주요 동사로는 '教(가르치다)' '送(선물하다)' '给(주다)' '告诉(알려 주다)' '借(빌리다)' '还(돌려주다)' '问(묻다)' 등이 있다.

小姐，给我们两张餐巾纸。 여기요, 냅킨 두 장 주세요.
Xiǎojiě, gěi wǒmen liǎng zhāng cānjīnzhǐ.

王老师教我们汉字。 왕 선생님은 우리에게 한자를 가르친다.
Wáng lǎoshī jiāo wǒmen Hànzi.

문제로 확인

● 주어진 단어를 조합하여 하나의 완전한 문장을 만들어 보세요.

① 老师　　我　　教　　汉字
→ _____

② 他　　我　　告诉　　一　　个　　秘密
→ _____

③ 小雨　　问题　　问　　姐姐　　什么
→ _____

④ 她　　莉莉　　的　　保罗　　告诉　　年纪　　不
→ _____

⑤ 售货员　　他　　十二块　　找　　钱
→ _____

⑥ 姐姐　　妹妹　　给　　两　　书　　本
→ _____

1 다음 대화를 완성해 보세요.

❶ A 听说_____，咱们去尝尝，好吗?

　B 好啊，什么时候去?

　A _____，怎么样?

　B _____我有事，_____好吗?

　A 好。

❷

菜单 Menu			
菜名	鱼香肉丝 ········ 30.00元 麻婆豆腐 ········ 20.00元	主食	米饭(碗) ········ 3.00元 饺子(两) ········ 15.00元
汤	鸡蛋汤 ········ 18.00元 酸辣汤 ········ 25.00元	酒水	啤酒 ········ 10.00元 可乐 ········ 7.00元

　A 这是菜单，请点菜。

　B 来一个_____、一个_____，一个_____，再来_____。

　A 要什么饮料?

　B 来_____。

　A 请稍等。

> 鸡蛋汤 jīdàntāng 몡 지단탕[계란탕]

❸ A 你觉得这个菜好吃吗?

　B 好吃是好吃，不过_____。

❹ A 你喜欢吃什么菜?

　B 我最喜欢吃_____。我爱吃_____的。你呢?

　A 我呀，_____的、_____的都爱吃，就是不爱吃_____的。

2 주어진 화제로 대화를 나누어 보세요.

① 听说……，咱们去尝尝，好吗？

② 这是菜单，请点菜。

③ 你觉得……好吃吗？

3 다음 그림의 상황을 연결하여 이야기를 만들어 보세요.

今天吃什么?
오늘 무엇을 먹을까요?

① ② ③ ④ 上海菜

화제 오늘 무엇을 먹을까요?

❶ 小雨的宿舍有四个人，……
❷ 小张说："我们去吃……，好吗？"
❸ 小李说："……是……，不过……"
❹ 最后，他们跟小雨一起……

4 녹음을 듣고, 다음 문제를 풀어 보세요. 🎧 04-05

❶ 중국 음식의 지역별 특색에 맞게 선을 연결하세요.

南   北   东   西

咸   酸   甜   辣

❷ 다음 질문에 답해 보세요.

"我"的中国朋友是哪儿的人？他喜欢吃甜的吗？

| 特点 tèdiǎn 명 특징, 특색 | 南方 nánfāng 명 남방 | 北方 běifāng 명 북방 | 认识 rènshi 동 알다, 인식하다 |

우체국에 어떻게 가나요?

去邮局怎么走?
Qù yóujú zěnme zǒu?

05

- **학습 목표**
  어림수를 묻고 답할 수 있다.

- **어법 포인트**
  의문부사 多를 이용한 의문문 | 어림수 | 还是……吧

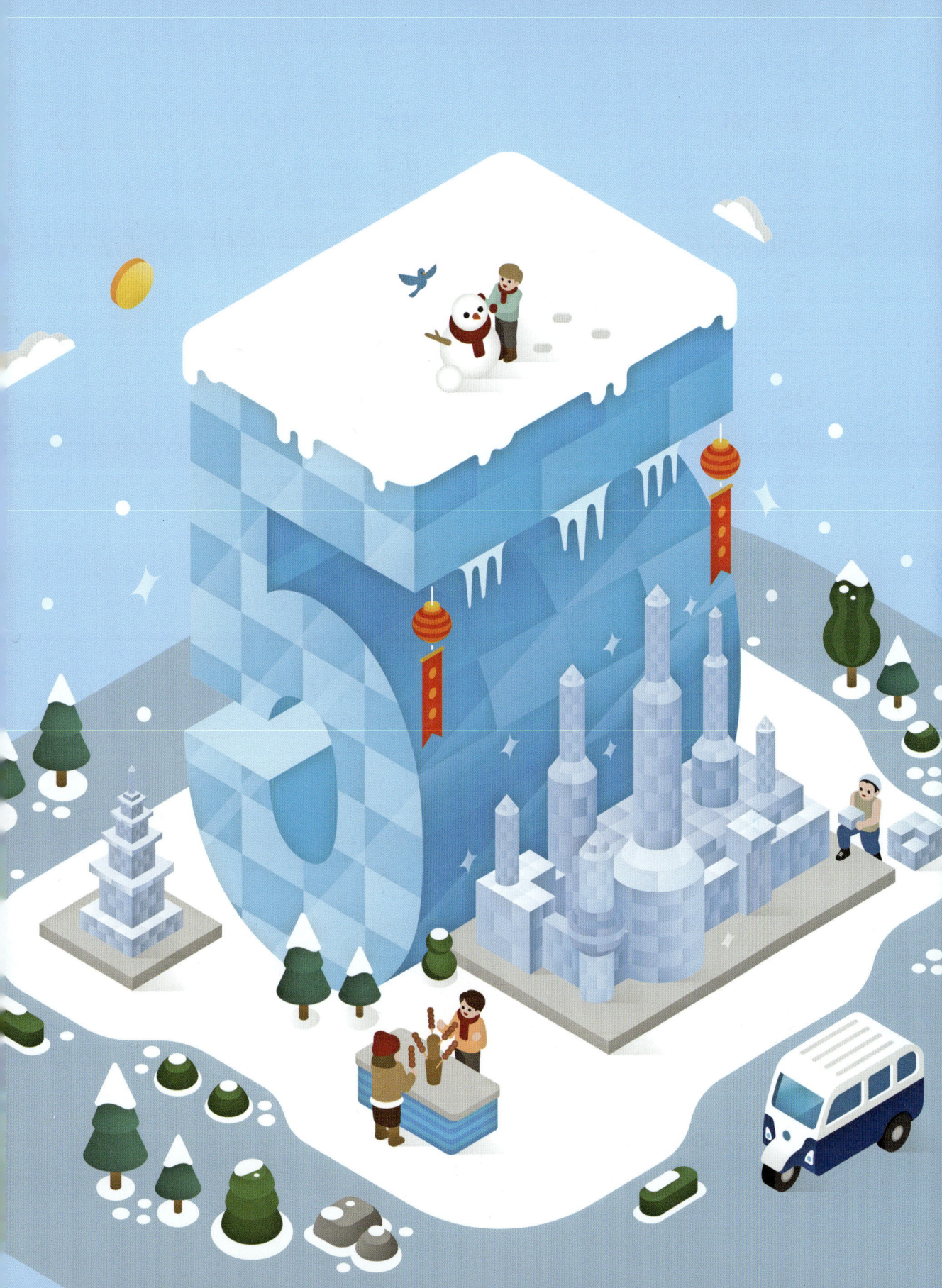

단어 익히기

🎧 05-01

● **회화 단어**

邮局	yóujú	명	우체국
走	zǒu	동	가다, 걷다
一直	yìzhí	부	곧장, 곧바로
往	wǎng	개	~쪽으로, ~을 향해
到	dào	동	도착하다, 도달하다, 이르다
字	zì	명	글자, 문자
路口	lùkǒu	명	길목, 갈림길, 교차로
拐	guǎi	동	방향을 바꾸다, 꺾어 돌다
离	lí	개	~에서, ~로부터
米	mǐ	양	미터(m)
从……到……	cóng……dào……		~에서 ~까지
百货大楼	bǎihuòdàlóu	명	백화점
公里	gōnglǐ	양	킬로미터(km)
车	chē	명	자동차, 자전거
过	guò	동	건너다, 지나다
马路	mǎlù	명	대로, 큰길
先	xiān	부	먼저, 우선
路	lù	명	길, 도로, 노선
公共汽车	gōnggòng qìchē	명	버스
汽车	qìchē	명	자동차
然后	ránhòu	접	그러고 나서, 그런 후에
换	huàn	동	교환하다, 바꾸다, 갈아타다
地铁	dìtiě	명	지하철
应该	yīnggāi	조동	마땅히 ~해야 한다
或者	huòzhě	접	혹은, ~이든가 아니면 ~이다
骑	qí	동	(동물이나 자전거 등에) 타다, 올라타다
技术	jìshù	명	기술, 기교
还是	háishi	부	~하는 편이 더 낫다
周末	zhōumò	명	주말
火车	huǒchē	명	기차, 열차
飞机	fēijī	명	비행기, 항공기
快	kuài	형	빠르다
舒服	shūfu	형	편안하다, 안락하다
可是	kěshì	접	그러나, 하지만

✏️ **어법 단어**

宽	kuān	형	넓다, 드넓다
重	zhòng	형	무겁다
面条	miàntiáo	명	국수
出租车	chūzūchē	명	택시
送	sòng	동	주다, 보내다, 선물하다
礼物	lǐwù	명	선물
花	huā	명	꽃

▶ **고유명사**

天安门	Tiān'ānmén	고유	톈안먼
颐和园	Yíhéyuán	고유	이허위안
大同	Dàtóng	고유	다퉁[지명]

회화 배우기

1 여기에서 얼마나 먼가요? 🎧 05-02

릴리 去邮局怎么走？
Qù yóujú zěnme zǒu?

중국인 一直往前走，到十字路口往右拐。
Yìzhí wǎng qián zǒu, dào shízì lùkǒu wǎng yòu guǎi.

릴리 离这儿多远？
Lí zhèr duō yuǎn?

중국인 二百多米。
Èrbǎi duō mǐ.

2 차를 어떻게 타야 하나요? 🎧 05-03

나오미 从这儿到百货大楼有多远？
Cóng zhèr dào bǎihuòdàlóu yǒu duō yuǎn?

중국인 十三四公里。
Shísān-sì gōnglǐ.

나오미 怎么坐车？
Zěnme zuò chē?

중국인 过马路，先坐2路公共汽车，然后换地铁。
Guò mǎlù, xiān zuò èr lù gōnggòng qìchē, ránhòu huàn dìtiě.

③ 실례합니다. 🎧 05-04

폴 请问，我去天安门，应该走哪条路？
Qǐngwèn, wǒ qù Tiān'ānmén, yīnggāi zǒu nǎ tiáo lù?

중국인 走这条路或者那条路都行。
Zǒu zhè tiáo lù huòzhě nà tiáo lù dōu xíng.

폴 哪条路近？
Nǎ tiáo lù jìn?

중국인 这条路近，
Zhè tiáo lù jìn,

不过有点儿乱。
búguò yǒudiǎnr luàn.

폴 我骑车技术不太高，
Wǒ qí chē jìshù bú tài gāo,

还是走那条路吧。
háishi zǒu nà tiáo lù ba.

④ 기차를 탈까요, 비행기를 탈까요? 🎧 05-05

폴 周末咱们去大同，好吗？
Zhōumò zánmen qù Dàtóng, hǎo ma?

영남 好啊。坐火车还是坐飞机？
Hǎo a. Zuò huǒchē háishi zuò fēijī?

폴 坐飞机吧，又快又舒服。
Zuò fēijī ba, yòu kuài yòu shūfu.

영남 可是坐飞机太贵了，还是坐火车吧。
Kěshì zuò fēijī tài guì le, háishi zuò huǒchē ba.

1 의문부사 '多'를 이용한 의문문

부사 '多'가 형용사(주로 1음절 형용사) 앞에 쓰이면, 정도를 묻는 의문문이 된다. '多' 앞에 '有'를 붙여 추측의 의미를 나타낼 수도 있다.

A 邮局离这儿多远? 우체국은 여기에서 얼마나 먼가요?
Yóujú lí zhèr duō yuǎn?

B 二百多米。 200m 남짓 됩니다.
Èrbǎi duō mǐ.

A 从这儿到百货大楼有多远? 여기에서 백화점까지 얼마나 먼가요?
Cóng zhèr dào bǎihuòdàlóu yǒu duō yuǎn?

B 十三四公里。 13~14km쯤 됩니다.
Shísān-sì gōnglǐ.

A 你今年多大? 당신은 올해 몇 살인가요?
Nǐ jīnnián duō dà?

B 我今年二十一岁。 저는 올해 스물한 살입니다.
Wǒ jīnnián èrshíyī suì.

A 他有多高? 그는 키가 얼마나 되나요?
Tā yǒu duō gāo?

B 一米七五。 1m 75요.
Yì mǐ qī wǔ.

문제로 확인

- 보기와 같이 '多'를 넣어 의문문을 만들어 보세요.

> 보기 保罗一米七五。→ 保罗多高?

① 小雨今年23岁。 → _____?

② 从这儿到颐和园有15公里。 → _____?

③ 那条路长500米，宽20米。 → _____?

④ 这五个苹果重3斤。 → _____?

2 어림수(概数)

중국어에서 어림수를 나타내는 방법은 다음과 같다.

(1) 연이은 두 개의 숫자를 연속해서 쓴다.

> 这个孩子有六七岁。 이 아이는 예닐곱 살쯤 된다.
> Zhège háizi yǒu liù-qī suì.

> 从这儿到百货大楼有十三四公里。 여기에서 백화점까지는 13~14km쯤 된다.
> Cóng zhèr dào bǎihuòdàlóu yǒu shísān-sì gōnglǐ.

> 教室里有四五十个学生。 교실에는 40~50명 정도의 학생들이 있다.
> Jiàoshì li yǒu sì-wǔshí ge xuéshēng.

(2) 숫자 뒤에 '多'를 붙여 그 수를 초과했음을 나타낸다. '多'의 위치는 다음과 같은 두 가지 경우로 구분된다.

a. '多'가 정수를 강조할 때는 양사나 단위명사의 앞에 쓴다.

> 这件衬衣三十多块钱。 이 셔츠는 30여 위안이다.
> Zhè jiàn chènyī sānshí duō kuài qián.

> 从这儿到我们学校只用十多分钟。 여기에서 우리 학교까지는 10여 분밖에 걸리지 않는다.
> Cóng zhèr dào wǒmen xuéxiào zhǐ yòng shí duō fēnzhōng.

b. '多'가 정수 다음의 우수리를 나타낼 때는 양사나 단위명사의 뒤에 쓴다.

> 这些橘子三斤多。 이 귤은 세 근 남짓 된다.
> Zhèxiē júzi sān jīn duō.

> 下午五点多我去找你。 오후 다섯 시 조금 넘어서 당신을 찾아갈게요.
> Xiàwǔ wǔ diǎn duō wǒ qù zhǎo nǐ.

> 这本书二十九块多。 이 책은 29위안이 좀 넘는다.
> Zhè běn shū èrshíjiǔ kuài duō.

• 보기와 같이 연이은 두 개의 숫자를 이용해서 어림수를 나타내는 방법으로 대답해 보세요.

> 보기 A 这孩子多大?   B 三四岁。

❶ A 你的宿舍离教室有多远？　　B _____。

❷ A 你们学校有多少留学生？　　B _____。

❸ A 你旁边的同学有多高？　　　B _____。

❹ A 你认识多少个汉字？　　　　B _____。

❺ A 你们学校附近有几个饭馆？　B _____。

• 보기와 같이 '**多**'를 사용하여 주어진 문장의 숫자를 표현해 보세요.

> 보기　他二十三岁。→ 他二十多岁。

❶ 三杯牛奶十四块五。　　　→ _____。

❷ 现在两点二十六分。　　　→ _____。

❸ 这个班有十四个学生。　　→ _____。

❹ 一年有三百六十五天。　　→ _____。

❺ 这辆自行车四百八十八块。→ _____。

3 还是……吧

여기에서 '还是'는 부사로서 '~하는 편이 낫겠다'라는 의미이다. 비교를 통해 상대적으로 만족스러운 쪽을 선택할 때 쓰인다.

A 去天安门走哪条路好？
　Qù Tiān'ānmén zǒu nǎ tiáo lù hǎo?
　톈안먼으로 가려면 어느 길로 가는 것이 좋을까요?

B 你骑车技术不太高，还是走那条路吧。
　Nǐ qí chē jìshù bú tài gāo, háishi zǒu nà tiáo lù ba.
　당신은 자전거 운전 실력이 별로 좋지 않으니까 저쪽 길로 가는 것이 낫겠어요.

A 我们坐火车去还是坐飞机去?
Wǒmen zuò huǒchē qù háishi zuò fēijī qù?
우리 기차를 탈까요, 비행기를 탈까요?

B 坐飞机太贵了，还是坐火车吧。
Zuò fēijī tài guì le, háishi zuò huǒchē ba.
비행기를 타면 너무 비싸요. 기차를 타는 것이 낫겠어요.

문제로 확인

● 그림을 보고 '还是……吧' 형식을 이용하여 문장을 완성해 보세요.

❶

A 今天吃饺子还是吃面条?
B _____。

❷

A 咱们坐出租车去还是坐公共汽车去?
B _____。

❸

A 明天是莉莉的生日，送她什么礼物好呢?
B _____。
（花）

❹

A 你要哪种颜色的?
B _____。

1. 제시된 자료를 보고 상황에 맞게 대화를 만들어 보세요.

   ①

   상황 A는 현재 한국 음식점 앞에 있다. 그는 서점(은행, 학교, 2번 버스정류장 등)을 가려고 하는데, B가 A에게 어떻게 가는지 설명해 준다.

   역할 A와 B

   ② 莉莉和小叶骑车去颐和园，从她们学校到颐和园有两条路：一条大路，一条小路。走大路比较远，走小路近一点儿。不过小路上人多，车也多，比较乱。

   상황 릴리와 샤오예가 어느 길로 갈 것인지 상의하고 있다.

   역할 릴리와 샤오예

2 그림을 보고 주어진 단어를 이용하여 설명해 보세요.

(1) 학교에서 秀水东街까지 어떻게 가야 하는지 교통편을 설명해 보세요.

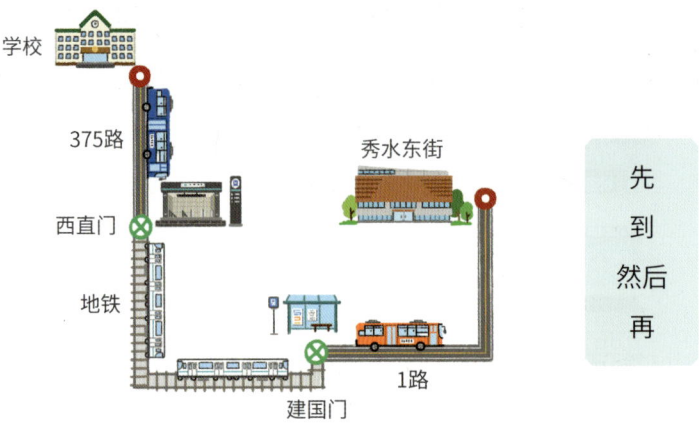

西直门 Xīzhímén 고유 시즈먼 | 建国门 Jiànguómén 고유 젠궈먼 | 秀水东街 Xiùshuǐ Dōngjiē 고유 시우수이둥제

(2) 다음 그림의 상황을 연결하여 대화를 만들어 보세요.

大连 Dàlián 고유 다롄[지명] | 船 chuán 명 배

3 녹음을 듣고, 아래 질문에 답해 보세요. 🎧 05-06

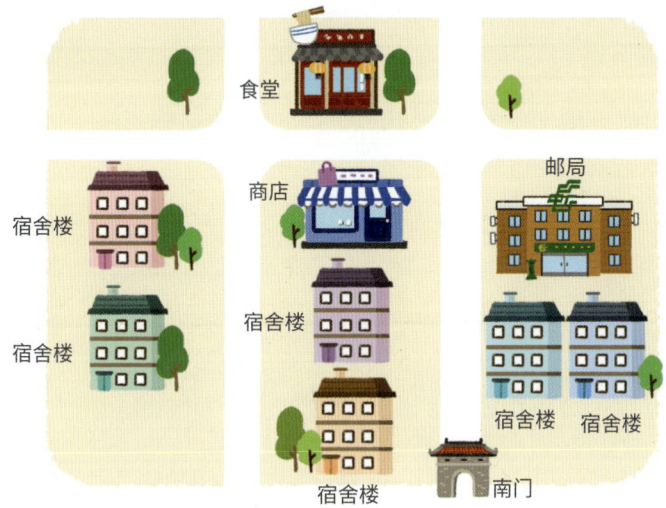

❶ 王老师家在哪个楼? (지도에 표시하기)

❷ 从南门到王老师家怎么走?

복습 1
01~05

• 1~5과에서 배웠던 주요 단어, 표현, 어법 내용을 복습해 보세요.

주요 단어

01
- 里边 lǐbian (일정한 시간, 공간, 범위의) 안, 내부, 속
- 附近 fùjìn 부근, 근처, 인근
- 对面 duìmiàn 맞은편
- 旁边 pángbiān 옆, 곁
- 左边 zuǒbian 왼쪽
- 右边 yòubian 오른쪽
- 中间 zhōngjiān 중간, 가운데
- 后边 hòubian 뒤쪽

02
- 还是 háishi 아니면, 또는
- 别的 bié de 다른 것
- 一共 yígòng 합계, 모두
- 零钱 língqián 잔돈
- 找(钱) zhǎo (qián) (돈을) 거슬러 주다
- 数 shǔ 세다, 헤아리다
- 尝 cháng 맛보다
- 新鲜 xīnxiān 신선하다, 싱싱하다

03
- 牌子 páizi 상표, 브랜드
- 质量 zhìliàng 품질
- 价钱 jiàqián 가격, 값
- 样子 yàngzi 모양, 모습
- 试 shì 시험하다, 시험 삼아 해 보다
- 有点儿 yǒudiǎnr 조금, 약간
- 合适 héshì 적당하다, 알맞다
- 颜色 yánsè 색, 색깔

04
- 听说 tīngshuō 듣자니, 들은 바로는
- 好吃 hǎochī 맛있다
- 菜单 càidān 식단, 메뉴
- 点 diǎn 주문하다
- 喜欢 xǐhuan 좋아하다, 마음에 들다
- 结帐 jiézhàng 계산하다, 결제하다
- 付 fù (돈을) 지불하다, 지급하다
- 请客 qǐngkè 접대하다, 한턱내다

05
- 一直 yìzhí 곧장, 곧바로
- 往 wǎng ~쪽으로, ~을 향해
- 到 dào 도착하다, 도달하다, 이르다
- 路口 lùkǒu 길목, 갈림길, 교차로
- 拐 guǎi 방향을 바꾸다, 꺾어 돌다
- 马路 mǎlù 대로, 큰길
- 快 kuài 빠르다
- 舒服 shūfu 편안하다, 안락하다

핵심 표현

01
- 사무동은 강의동 북쪽에 있습니다.

  办公楼在教学楼北边。
  Bàngōnglóu zài jiàoxuélóu běibian.

- 영화관 맞은편은 약국입니다.

  电影院对面是一个药店。
  Diànyǐngyuàn duìmiàn shì yí ge yàodiàn.

- 사이먼은 샤오위와 영남이 사이에 있습니다.

  西蒙在小雨和英男中间。
  Xīméng zài Xiǎoyǔ hé Yīngnán zhōngjiān.

02
- 빨간색을 드릴까요, (아니면) 파란색을 드릴까요?

  要红的还是要蓝的？
  Yào hóng de háishi yào lán de?

- 맥주는 어디에서 파나요?

  请问，哪儿卖啤酒？
  Qǐngwèn, nǎr mài píjiǔ?

- 토마토는 어떻게 파나요?

  西红柿怎么卖？
  Xīhóngshì zěnme mài?

03
- 추천 좀 해 주세요.

  您给我介绍介绍。
  Nín gěi wǒ jièshào jièshào.

- 신어 봐도 될까요?

  我可以试试吗？
  Wǒ kěyǐ shìshi ma?

- 너무 비싸네요. 좀 깎아 주세요.

  太贵了，便宜点儿吧。
  Tài guì le, piányi diǎnr ba.

04
- 우리 먹어 보러 갈래요?

  咱们去尝尝，好吗?
  Zánmen qù chángchang, hǎo ma?

- 메뉴판 여기 있습니다. 주문해 주세요.

  这是菜单，请点菜。
  Zhè shì càidān, qǐng diǎn cài.

- 오늘은 내가 한턱낼게요.

  今天我请客。
  Jīntiān wǒ qǐngkè.

05
- 여기에서 얼마나 먼가요?

  离这儿多远?
  Lí zhèr duō yuǎn?

- 차를 어떻게 타야 할까요?

  怎么坐车?
  Zěnme zuò chē?

- 이쪽 길이 가깝지만 조금 복잡해요.

  这条路近，不过有点儿乱。
  Zhè tiáo lù jìn, búguò yǒudiǎnr luàn.

복습 1 81

1 존재문

사람(사물) + 在 + 장소   장소 + 有(是) + 사람(사물)

保罗在西蒙后边。 폴은 사이먼 뒤쪽에 있다.
Bǎoluó zài Xīméng hòubian.

学校附近有很多饭馆和商店。 학교 근처에는 음식점과 상점이 많이 있다.
Xuéxiào fùjìn yǒu hěn duō fànguǎn hé shāngdiàn.

2 '的'자 구조

명사, 인칭대사, 형용사 등의 뒤에 '的'를 붙이면 '的'자 구조를 만들 수 있고, '的'자 구조는 명사처럼 쓰일 수 있다.

这本书是西蒙的。(西蒙的=西蒙的书) 이 책은 사이먼 것이다.(사이먼 것=사이먼의 책)
Zhè běn shū shì Xīméng de.

大的三块钱一斤。(大的=大的橘子) 큰 것은 한 근에 3위안입니다.(큰 것=큰 귤)
Dà de sān kuài qián yì jīn.

3 금액 표현법

인민폐의 공식적인 화폐 단위는 '元' '角' '分'이지만 일상회화에서는 '块' '毛' '分'을 사용한다.

10.00元	十块 shí kuài
10.58元	十块五毛八(分) shí kuài wǔ máo bā (fēn)
10.09元	十块零九分 shí kuài líng jiǔ fēn

'2'는 양사 앞에서 단독으로 쓰이면 '两'으로 읽고, '2'가 수의 마지막 자리에 쓰이면 '二'로 읽는다.

2.00元	两块 liǎng kuài		2.20元	两块二 liǎng kuài èr
0.20元	两毛 liǎng máo		2.22元	两块两毛二 liǎng kuài liǎng máo èr
0.02元	两分 liǎng fēn		12.02元	十二块零二 shí'èr kuài líng èr

4 '一点儿'과 '有一点儿'

'一点儿'은 수량사로서 양이 적음을 나타내고, 주로 명사를 수식한다. 형용사 뒤에 쓰여 정도가 경미함을 나타내기도 한다.

> 今天我只吃了一点儿饭。 오늘 나는 밥을 조금밖에 못 먹었다.
> Jīntiān wǒ zhǐ chī le yìdiǎnr fàn.
>
> 有大一点儿的鞋吗？ 조금 더 큰 신발이 있나요?
> Yǒu dà yìdiǎnr de xié ma?

'有一点儿'은 주로 동사나 형용사 앞에서 부사어로 쓰여 정도가 경미함을 나타낸다. 형용사 앞에 쓰일 때에는 대부분 어떤 것에 대한 평가나 상황이 만족스럽지 않다는 의미를 나타낸다. '一'는 대체로 생략해서 쓴다.

> 那件衬衣有点儿贵。 저 셔츠는 조금 비싸다.
> Nà jiàn chènyī yǒudiǎnr guì.
>
> 他有点儿不高兴。 그는 기분이 좀 나쁘다.
> Tā yǒudiǎnr bù gāoxìng.

5 ……是……

'A是A' 형식은 먼저 어떤 사실을 인정하거나 받아들인 후, 바로 이어서 '不过' '但是' '就是' 등으로 전환하여 핵심적인 의견을 제시하고자 할 때 사용된다.

> 中国菜好吃是好吃，不过油太多。 중국 음식은 맛있기는 한데, 기름기가 너무 많다.
> Zhōngguó cài hǎochī shì hǎochī, búguò yóu tài duō.

6 의문부사 '多'를 이용한 의문문

부사 '多'가 형용사 앞에 쓰이면, 정도를 묻는 의문문이 된다. 또 '多' 앞에 '有'를 붙여 추측의 의미를 나타낼 수 있다.

> A 从这儿到百货大楼有多远？ 여기에서 백화점까지 얼마나 먼가요?
>   Cóng zhèr dào bǎihuòdàlóu yǒu duō yuǎn?
>
> B 十三四公里。 13～14km쯤 됩니다.
>   Shísān-sì gōnglǐ.

Tīngting 듣기

1 녹음을 듣고 O, ×를 표시해 보세요. 🎧 fuxi 01

　(1) 사무동은 강의동 남쪽에 있다.　　　　　　(　　)

　(2) 도서관은 사무동 서쪽에 있다.　　　　　　(　　)

　(3) 유학생 기숙사는 도서관 북쪽에 있다.　　　(　　)

2 녹음을 듣고, 질문에 답해 보세요. 🎧 fuxi 02

　(1) 여자는 무엇을 사려고 하나요?

　_____

　(2) 물건의 가격은 모두 얼마인가요?

　_____

　(3) 여자가 받아야 할 거스름돈은 얼마인가요?

　_____

3 녹음을 듣고, 남자가 가려고 하는 곳을 지도에 표시해 보세요. 🎧 fuxi 03

 읽기

1 다음 지문을 읽고 질문에 답해 보세요.

> 这是莉莉的桌子。桌子上边有一本书、一个圆珠笔，还有一块巧克力。桌子下边是莉莉的书包。抽屉里有什么？抽屉里有一张莉莉男朋友的照片。
> Zhè shì Lìli de zhuōzi. Zhuōzi shàngbian yǒu yì běn shū, yí ge yuánzhūbǐ, hái yǒu yí kuài qiǎokèlì. Zhuōzi xiàbian shì Lìli de shūbāo. Chōuti li yǒu shénme? Chōuti li yǒu yì zhāng Lìli nánpéngyou de zhàopiàn.

(1) 릴리의 책상 위에는 무엇이 있나요?

_____

(2) 릴리의 책상 아래에 있는 것은 무엇인가요?

_____

(3) 책상 서랍 안에는 무엇이 들어 있나요?

_____

2 다음 대화문을 읽고 ○, ×를 표시해 보세요.

> A 这双鞋是多大号的？
> Zhè shuāng xié shì duō dà hào de?
>
> B 45号的。
> Sìshíwǔ hào de.
>
> A 这双有点儿大，有小一点儿的吗？
> Zhè shuāng yǒudiǎnr dà, yǒu xiǎo yìdiǎnr de ma?
>
> B 有，您再试试44号半的。
> Yǒu, nín zài shìshi sìshísì hào bàn de.
>
> A 这双不大也不小，挺合适。
> Zhè shuāng bú dà yě bù xiǎo, tǐng héshì.

(1) 남자가 처음 신어 본 신발은 45호이다.　　(　　)

(2) 45호 신발은 남자에게 조금 작았다.　　　(　　)

(3) 점원이 추천한 44호 반은 남자에게 꼭 맞았다.　(　　)

Shuōshuo 말하기

1 친구에게 자신의 집 주변 환경을 소개해 보세요.

2 자신이 좋아하는 음식과 그 이유를 말해 보세요.

3 짝과 함께 길을 묻고 답해 보세요.

A 去_____怎么走?

B _____。

활용단어 邮局 yóujú | 商店 shāngdiàn | 银行 yínháng | 百货大楼 bǎihuòdàlóu | 一直 yìzhí | 往 wǎng | 拐 guǎi | 十字路口 shízì lùkǒu | 马路 mǎlù

Xiěxie 쓰기

1 보기에서 알맞은 단어를 골라 다음 문장을 완성해 보세요.

> 还是　　合适　　别的　　零钱

(1) 有_____颜色的吗?

(2) 您有_____吗?

(3) 要红的_____蓝的?

(4) 这双不大也不小，挺_____。

2 빈칸에 들어갈 알맞은 말을 써 넣으세요.

(1) 保罗在西蒙和英男_____。 폴은 사이먼과 영남의 뒤쪽에 있다.

(2) 西红柿_____? 토마토는 어떻게 파나요?

(3) 我来付钱，今天我_____。 내가 계산할게요. 오늘은 내가 한턱냅니다.

(4) _____这儿多远? 여기에서 얼마나 먼가요?

3 다음 문장을 중국어로 써 보세요.

(1) 모두 얼마죠?　→ _____

(2) 너무 비싸네요. 좀 깎아 주세요.　→ _____

(3) 맛있기는 한데, 기름기가 너무 많아요.　→ _____

(4) 비행기를 타요. 빠르고 편하잖아요.　→ _____

그는 지금 아내를 기다리고 있어요.

他正在等他爱人呢。

Tā zhèngzài děng tā àiren ne.

06

- **학습 목표**
  동작의 진행을 표현할 수 있다.

- **어법 포인트**
  동작의 진행 | 有的……，有的…… | 一边……一边……

단어 익히기

🎧 06-01

💬 회화 단어

家 jiā 양 [가정·기업 등을 세는 단위]

正在 zhèngzài 부 지금 ~하고 있다[동작·행위의 진행을 나타냄]

打折 dǎzhé 동 가격을 깎다, 할인하다

顾客 gùkè 명 고객, 손님

少 shǎo 형 적다

有的 yǒude 대 어떤 것, 어떤 사람

挑 tiāo 동 고르다, 선택하다

排队 páiduì 동 정렬하다, 줄을 서다

交 jiāo 동 건네다, 내다, 넘기다

咦 yí 감 아이구, 어머[놀람을 나타냄]

先生 xiānsheng 명 선생님, 씨[성인 남자에 대한 존칭]

爱人 àiren 명 남편 또는 아내

找 zhǎo 동 찾다, 구하다

刚才 gāngcái 명 지금, 방금

公司 gōngsī 명 회사

打(电话) dǎ (diànhuà) 동 (전화를) 걸다

招聘 zhāopìn 동 모집하다, 채용하다

职员 zhíyuán 명 직원, 사원

打算 dǎsuàn 동 계획하다, ~할 생각이다 명 생각, 계획

应聘 yìngpìn 동 모집에 지원하다, 초빙에 응하다

外边 wàibian 명 바깥, 밖

下(雨) xià (yǔ) 동 (비가) 내리다

雨 yǔ 명 비

一边……一边……
yìbiān……yìbiān…… ~하면서 ~하다

聊天儿 liáotiānr 동 이야기를 나누다, 잡담하다

大家 dàjiā 대 모두, 다들[일정한 범위 내의 모든 사람을 가리킴]

明年 míngnián 명 내년

可能 kěnéng 조동 아마 ~할 것이다

回答 huídá 동 대답하다, 응답하다

猜 cāi 동 추측하다, 알아맞히다

✏️ 어법 단어

睡觉 shuìjiào 동 잠을 자다

音乐 yīnyuè 명 음악

擦 cā 동 문지르다, 닦다

黑板 hēibǎn 명 칠판

信 xìn 명 편지

后天 hòutiān 명 모레

寄 jì 동 (우편으로) 부치다

邮票 yóupiào 명 우표

🔖 고유명사

小叶 Xiǎoyè 고유 샤오예[인명]

安娜 Ānnà 고유 안나(Anna)[인명]

彼得 Bǐdé 고유 피터(Peter)[인명]

회화 배우기

1 지금 할인하고 있습니다. 🎧 06-02

这家商店的东西正在打折。商店里顾客真不
Zhè jiā shāngdiàn de dōngxi zhèngzài dǎzhé. Shāngdiàn li gùkè zhēn bù

少，有的正在挑东西，有的正在排队交钱。咦，这位
shǎo, yǒude zhèngzài tiāo dōngxi, yǒude zhèngzài páiduì jiāo qián. Yí, zhè wèi

先生在做什么呢？他正在等他的爱人呢。
xiānsheng zài zuò shénme ne? Tā zhèngzài děng tā de àiren ne.

2 일자리를 찾고 있습니다. 🎧 06-03

小雨最近很忙，他正在找工作。刚才我去他
Xiǎoyǔ zuìjìn hěn máng, tā zhèngzài zhǎo gōngzuò. Gāngcái wǒ qù tā

那儿的时候❶，他正在给一家公司打电话。听说这家
nàr de shíhou, tā zhèngzài gěi yì jiā gōngsī dǎ diànhuà. Tīngshuō zhè jiā

公司正在招聘职员，他打算去应聘。
gōngsī zhèngzài zhāopìn zhíyuán, tā dǎsuàn qù yìngpìn.

3 커피를 마시며 이야기를 나누고 있습니다. 🎧 06-04

外边正在下雨，莉莉跟朋友们在房间里一边喝咖啡
Wàibian zhèngzài xià yǔ, Lìli gēn péngyoumen zài fángjiān li yìbiān hē kāfēi

一边聊天儿。莉莉问大家：" 明年的这个时候，你们可能在
yìbiān liáotiānr.　　Lìli wèn dàjiā: "Míngnián de zhège shíhou, nǐmen kěnéng zài

做什么呢？" 小叶说：" 我可能正在跟男朋友一起旅行。"
zuò shénme ne?" Xiǎoyè shuō: "Wǒ kěnéng zhèngzài gēn nánpéngyou yìqǐ lǚxíng."

直美说：" 我可能正在想你们。" 安娜的回答很有意思。
Zhíměi shuō: "Wǒ kěnéng zhèngzài xiǎng nǐmen." Ānnà de huídá hěn yǒu yìsi.

你猜猜，她说的是什么？
Nǐ cāicai, tā shuō de shì shénme?

신공략 포인트

❶ **刚才我去他那儿的时候**　방금 내가 그가 있는 곳에 갔을 때
　　지시대사 '这儿'과 '那儿'은 인칭대사 혹은 장소를 나타내지 않는 명사와 함께 쓰여 장소를 나타낼 수 있다.
　　'……这儿'은 가까운 곳을, '……那儿'은 먼 곳을 가리킨다.

1 동작의 진행

동작이 진행되고 있는 상황을 표현할 때에는 동사 앞에 '正在' '正' '在' 중 하나를 붙이거나 혹은 문장 끝에 '呢'를 붙여서 나타낸다. 또한, '正在' '正' '在'는 '呢'와 함께 사용해도 된다.

他正在等他爱人呢。 그는 지금 그의 아내를 기다리고 있다.
Tā zhèngzài děng tā àiren ne.

外边正下大雨呢。 밖에는 지금 비가 많이 내리고 있다.
Wàibian zhèng xià dàyǔ ne.

小雨在给朋友打电话呢。 샤오위는 지금 친구에게 전화를 하고 있다.
Xiǎoyǔ zài gěi péngyou dǎ diànhuà ne.

他睡觉呢。 그는 잠을 자고 있다.
Tā shuìjiào ne.

부정형은 동사 앞에 '没(有)'나 '没在'를 붙여 준다.

A 莉莉正在看电视吗?
Lìli zhèngzài kàn diànshì ma?
릴리는 TV를 보고 있나요?

B1 莉莉没有看电视，她在给朋友打电话呢。
Lìli méiyǒu kàn diànshì, tā zài gěi péngyou dǎ diànhuà ne.
릴리는 TV를 보고 있지 않고, 친구에게 전화를 하고 있어요.

B2 没有，她没在看电视，她在给朋友打电话呢。
Méiyǒu, tā méi zài kàn diànshì, tā zài gěi péngyou dǎ diànhuà ne.
아니요, 그녀는 TV를 보고 있지 않고, 친구에게 전화를 하고 있어요.

동작의 진행은 현재뿐만 아니라, 과거나 미래의 상황에서도 발생할 수 있다.

昨天我去小雨家的时候，他正在听音乐呢。
Zuótiān wǒ qù Xiǎoyǔ jiā de shíhou, tā zhèngzài tīng yīnyuè ne.
어제 내가 샤오위 집에 갔을 때, 그는 음악을 듣고 있었다.

明年的这个时候，你们在做什么呢?
Míngnián de zhège shíhou, nǐmen zài zuò shénme ne?
내년 이맘때 너희는 무엇을 하고 있을 것 같니?

문제로 확인

- 그림을 보고 밑줄 친 자리에 주어진 단어를 넣어 교체 연습을 해 보세요.

(1) 보기

A 她正在做什么呢?
B 她正在擦黑板呢。

❶

听、音乐

❷

看、电视

❸

唱、歌

(2) 보기

刚才我去她宿舍的时候，
她正在学习呢。

❶

去教室、下雨

❷
打电话、写信

❸
到、等

(3) 보기

她最近在找工作呢。

❶
打折

❷
招聘

❸
学习

(4)

보기
A 明年的这个时候，你可能在做什么呢？
B 我可能在旅行呢。

①
明天、吃饭

②
后天、看电视

③
下星期一、睡觉

2 有的……有的……

대사 '有的'가 관형어로 쓰일 때는 보통 그 '有的'가 수식하는 명사의 일부분을 가리킨다. 단독으로 사용될 수도 있고, 두세 개가 연속적으로 사용될 수도 있다.

商店里顾客很多，有的正在挑东西，有的正在排队交钱。
Shāngdiàn li gùkè hěn duō, yǒude zhèngzài tiāo dōngxi, yǒude zhèngzài páiduì jiāo qián.
가게 안에는 손님들이 많은데, 어떤 사람은 물건을 고르고 있고 어떤 사람은 줄을 서서 계산을 하고 있다.

我们班的同学有的喜欢吃辣的，有的喜欢吃甜的。
Wǒmen bān de tóngxué yǒude xǐhuan chī là de, yǒude xǐhuan chī tián de.
우리 반 학생들 중에 어떤 친구는 매운 음식 먹는 것을 좋아하고, 어떤 친구는 단 음식 먹는 것을 좋아한다.

> **문제로 확인**

- 그림을 보고 '有的……有的……' 형식으로 문장을 완성해 보세요.

❶

这个鞋店很大，_____
_____。

❷

下课以后，_____
_____。

❸

这是小雨买的苹果，_____
_____。

❹

邮局里有不少人，_____
_____。

(寄、邮票)

3 一边……一边……

동사 앞에 쓰여서 두 동작이 동시에 진행됨을 나타낸다.

莉莉跟朋友们在房间里一边喝咖啡一边聊天儿。
Lìli gēn péngyoumen zài fángjiān li yìbiān hē kāfēi yìbiān liáotiānr.
릴리는 친구들과 방에서 커피를 마시면서 이야기를 나누고 있다.

彼得一边听音乐一边吃饭。
Bǐdé yìbiān tīng yīnyuè yìbiān chī fàn.
피터는 음악을 들으면서 밥을 먹는다.

문제로 확인

- 그림을 보고 '一边……一边……' 형식으로 문장을 만들어 보세요.

①

②

③

1 지문을 읽고 주어진 상황에 맞게 대화를 만들어 보세요.

❶
　　莉莉的男朋友现在在**巴黎**。他在大学学习，明年**毕业**。莉莉打算明年的这个时候跟男朋友一起来中国旅行。
　　听说学校附近的一家商店正在打折，小叶想跟莉莉一起去看看。莉莉告诉小叶，外边正在下雨。

巴黎 Bālí 고유 파리[지명] ｜ 毕业 bìyè 동 졸업하다

상황　샤오예가 릴리에게 전화를 걸었을 때, 릴리는 마침 남자친구에게 편지를 쓰고 있었다.
역할　샤오예와 릴리

❷
　　小雨、保罗和英男最近都很忙。小雨正在找工作；保罗的爱人和孩子**下**星期来北京，保罗正在找房子；英男正在**谈恋爱**，他的**女朋友**也在北京学汉语。

下 xià 명 다음 ｜ 谈恋爱 tán liàn'ài 동 연애하다 ｜ 女朋友 nǚpéngyou 명 여자친구

상황　샤오위는 한 회사에 입사지원을 하러 가다가, 학교 앞에서 여자친구를 기다리고 있는 영남을 만났다.
역할　샤오위와 영남

06 他正在等他爱人呢。 99

2 다음 그림의 상황을 연결하여 이야기를 만들어 보세요.

保罗是德国一家汽车公司的职员……

3 다음 그림을 보고 이야기로 만들어 보세요.

现在是休息时间, 有的……

4 녹음을 듣고, 내용을 다시 중국어로 말해 보세요. 06-05

钥匙 yàoshi 명 열쇠 | 结婚 jiéhūn 동 결혼하다 | 刮 guā 동 깎다 | 胡子 húzi 명 수염 | 亲爱的 qīn'ài de 명 자기, 여보

방금 어디에 갔었나요?

刚才你去哪儿了?
Gāngcái nǐ qù nǎr le?

07

- **학습 목표**
  동태조사 了의 용법을 이해하고 활용할 수 있다.

- **어법 포인트**
  동태조사 了 | ……了……就……

단어 익히기

🎧 07-01

🔊 회화 단어

逛 guàng 동 거닐다, 산보하다, 돌아다니다
裙子 qúnzi 명 치마, 스커트
顶 dǐng 양 [꼭대기가 있는 물건을 세는 단위]
帽子 màozi 명 모자
嗬 hē 감 와아! 아! 허![놀람을 표시]
这么 zhème 대 이렇게, 이러한
陪 péi 동 동반하다, 수행하다, 모시다
风景 fēngjǐng 명 경치, 풍경
特别 tèbié 부 특히, 더욱, 유달리
美 měi 형 아름답다, 좋다, 훌륭하다
请 qǐng 동 대접하다, 초대하다
烤鸭 kǎoyā 명 오리구이
只 zhī 양 마리[짐승을 세는 단위]
病 bìng 동 병이 나다 명 병
抽(时间) chōu (shíjiān) 동 (시간을) 내다, 빼다
时间 shíjiān 명 시간
看 kàn 동 보다, 구경하다, 방문하다
早饭 zǎofàn 명 아침밥
已经 yǐjīng 부 이미, 벌써

✏️ 어법 단어

作业 zuòyè 명 숙제, 과제, 작업
以前 yǐqián 명 이전, 과거
玩儿 wánr 동 놀다, 즐기다
上 shàng 명 (일부 명사 앞에 쓰여 시간이나 순서에서의) 앞, 지난
洗 xǐ 동 씻다, 빨다
衣服 yīfu 명 옷, 의복
枝 zhī 양 가지[나뭇가지 등을 세는 단위]
洗澡 xǐzǎo 동 목욕하다, 몸을 씻다, 샤워하다
出发 chūfā 동 출발하다, 떠나다

▶ 고유명사

北京 Běijīng 고유 베이징[지명]
长城 Chángchéng 고유 만리장성
全聚德 Quánjùdé 고유 취안쥐더[베이징의 유명 오리구이 전문점]
上海 Shànghǎi 고유 상하이[지명]

회화 배우기

1 방금 어디에 갔었나요? 🎧 07-02

샤오예 刚才你去哪儿了?
Gāngcái nǐ qù nǎr le?

릴리 我跟直美逛商店去了。
Wǒ gēn Zhíměi guàng shāngdiàn qù le.

샤오예 你买东西了吗?
Nǐ mǎi dōngxi le ma?

릴리 我没买东西,直美买了。
Wǒ méi mǎi dōngxi, Zhíměi mǎi le.

샤오예 她买了什么东西?
Tā mǎi le shénme dōngxi?

릴리 她买了三件衬衣、两条裙子,还有一顶帽子。
Tā mǎi le sān jiàn chènyī、liǎng tiáo qúnzi, hái yǒu yì dǐng màozi.

샤오예 嗬,买了这么多!
Hē, mǎi le zhème duō!

2 주말에 무엇을 했나요? 🎧 07-03

샤오예 周末你做什么了?
Zhōumò nǐ zuò shénme le?

릴리 我朋友来北京了,周末我陪他去长城了。
Wǒ péngyou lái Běijīng le, zhōumo wǒ péi tā qù Chángchéng le.

샤오예 你们去颐和园了没有？我觉得颐和园的风景特别美。
Nǐmen qù Yíhéyuán le méiyǒu? Wǒ juéde Yíhéyuán de fēngjǐng tèbié měi.

릴리 还没去呢。我们打算后天去。
Hái méi qù ne. Wǒmen dǎsuàn hòutiān qù.

샤오예 你请他吃北京烤鸭了吗？
Nǐ qǐng tā chī Běijīng kǎoyā le ma?

릴리 那还用说。❶ 昨天我们在全聚德吃了一大只烤鸭。
Nà hái yòng shuō. Zuótiān wǒmen zài Quánjùdé chī le yí dà zhī kǎoyā.

❸ 우리 시간 내서 한번 보러 가요. 🎧07-04

영남 听说小雨病了。❷ 咱们抽时间去看看他吧。
Tīngshuō Xiǎoyǔ bìng le. Zánmen chōu shíjiān qù kànkan tā ba.

폴 好，什么时候去？
Hǎo, shénme shíhou qù?

영남 明天没有课，吃了早饭就去吧。
Míngtiān méiyǒu kè, chī le zǎofàn jiù qù ba.

폴 你已经告诉小雨了吗？
Nǐ yǐjīng gàosu Xiǎoyǔ le ma?

영남 还没呢，我下了课就给他打电话。
Hái méi ne, wǒ xià le kè jiù gěi tā dǎ diànhuà.

신공략 포인트

❶ **那还用说。** 당연하지.
'那还用说'는 회화에서 긍정을 나타내는 대답으로 쓰이는데, '当然了(당연하지)'와 같은 뜻이다.

❷ **听说小雨病了。** 샤오위가 아프다고 들었어.
여기서 어기조사 '了'는 변화를 나타낸다.

1 동태조사 '了'

동사 뒤에 쓰여 동작의 변화나 상태를 나타내는 조사를 '동태조사'라고 한다. 동태조사 '了'는 동사의 뒤에 쓰여 동작의 완성을 나타낸다.

> 她买了三件衬衣、两条裙子，还有一顶帽子。
> Tā mǎi le sān jiàn chènyī、liǎng tiáo qúnzi, hái yǒu yì dǐng màozi.
> 그녀는 셔츠 세 벌, 치마 두 벌, 그리고 모자 하나를 샀다.

> 昨天我们在全聚德吃了一大只烤鸭。
> Zuótiān wǒmen zài Quánjùdé chī le yí dà zhī kǎoyā.
> 어제 우리는 취안쥐더에서 오리구이를 큰 거로 한 마리 먹었다.

부정형은 동사 앞에 '没(有)'를 붙이고, '了'를 삭제해야 한다.

> 我没买东西，直美买了。
> Wǒ méi mǎi dōngxi, Zhíměi mǎi le.
> 나는 물건을 사지 않았고, 나오미는 샀다.

만약 어떤 동작이 발생할 가능성이 있거나 혹은 반드시 발생할 것이지만, 현재는 아직 발생하지 않은 경우 '还没(有)……呢'의 형식을 쓸 수 있다.

> A 你们去颐和园了没有? 너희 이허위안에 갔었니?
> Nǐmen qù Yíhéyuán le méiyǒu?
>
> B 还没去呢。 아직 안 갔어.
> Hái méi qù ne.

> A 你已经告诉小雨了吗? 너 벌써 샤오위에게 말했니?
> Nǐ yǐjīng gàosu Xiǎoyǔ le ma?
>
> B 还没呢，我下了课就给他打电话。 아직 안 했어. 수업 끝나자마자 바로 전화할 거야.
> Hái méi ne, wǒ xià le kè jiù gěi tā dǎ diànhuà.

정반의문문 형식은 다음과 같다.

> 安娜来了没有? 안나는 왔니, 안 왔니?
> Ānnà lái le méiyǒu?

> 昨天的作业你做了没有? 어제 숙제 했니, 안 했니?
> Zuótiān de zuòyè nǐ zuò le méiyǒu?

✻ 동작의 완성이란 동작이 처해 있는 단계만을 표시하며, 동작의 발생 시간(과거·현재·미래)과는 무관하다.

✻ 과거에 발생한 동작이라도 만약 항상 일어나는 동작이거나 혹은 동작이 이미 완성되었음을 특별히 설명할 필요가 없을 경우, 동사 뒤에 '了'를 붙이지 않는다.

以前他常常来我家玩儿。 예전에 그는 우리 집에 자주 놀러 왔었다.
Yǐqián tā chángcháng lái wǒ jiā wánr.

去年八月我在北京学习汉语。 작년 8월에 나는 베이징에서 중국어를 공부했다.
Qùnián bā yuè wǒ zài Běijīng xuéxí Hànyǔ.

✻ 동사 뒤에 만약 수량사 혹은 기타 관형어와 함께 쓰인 목적어가 있을 경우 '了'는 동사 바로 뒤에 온다.

我买了一本书。 나는 책 한 권을 샀다.
Wǒ mǎi le yì běn shū.

我又认识了几个新朋友。 나는 새로운 친구 몇 명을 또 알게 되었다.
Wǒ yòu rènshi le jǐ ge xīn péngyou.

만약 목적어가 간단하다면, '了'는 문장 맨 끝에 온다.

上星期你去哪儿了?
Shàng xīngqī nǐ qù nǎr le?
당신은 지난주에 어디에 갔었나요?

我朋友来北京了，周末我陪他去长城了。
Wǒ péngyou lái Běijīng le, zhōumò wǒ péi tā qù Chángchéng le.
내 친구가 베이징에 와서 주말에 그 친구를 데리고 만리장성에 갔었어요.

문제로 확인

● 그림을 보고 대화를 완성해 보세요.

❶

A 直美买什么了?

B _____。

A 她买了几斤西红柿?

B _____。

❷

A _____?

B 莉莉刚才洗衣服了。

A _____?

B 她洗了三件衣服。

❸

A 英男买花了没有?
B _____。
A _____?
B 他买了一枝。

❹

A _____?
B 她们已经点菜了。
A 她们点了几个菜?
B _____。

2 ……了……就……

'……了……就……' 형식은 두 개의 동작이 연속으로 발생함을 나타내는데, 이때 두 번째 동작은 첫 번째 동작에 바로 이어서 진행됨을 의미한다.

我下了课就给他打电话。 내가 수업이 끝나자마자 바로 그에게 전화할게요.
Wǒ xià le kè jiù gěi tā dǎ diànhuà.

明天我吃了早饭就去找你。 내일 내가 아침 먹자마자 바로 당신한테 갈게요.
Míngtiān wǒ chī le zǎofàn jiù qù zhǎo nǐ.

문제로 확인

● '……了……就……' 형식을 이용하여 다음 문장을 완성해 보세요.

❶ 我到了北京_____。

❷ 我洗了澡_____。

❸ _____就出发。

❹ _____就去吃饭。

1 영남과 폴의 일기를 읽고 상황에 맞게 대화를 만들어 보세요.

英男的日记

2018年9月1日 星期六

今天我跟朋友们一起去**歌厅**了。我唱了三四支韩国歌，还唱了一支中国歌。听说北京**饭店**旁边新**开**了一家歌厅，我们打算下星期去那儿玩儿玩儿。

歌厅 gētīng 명 노래방 | 饭店 fàndiàn 명 호텔 | 开 kāi 동 열다, 개업하다

保罗的日记

2018年9月1日 星期六

今天我们一家人去颐和园玩儿。颐和园的风景美极了！参观完了颐和园，我们就去吃午饭了。**爱莉斯**觉得饺子很好吃，她吃了十多个。然后我们还逛了两个商店，**珍妮**买了很多东西。买了东西我们就回饭店了。今天我们累极了！

爱莉斯 Àilìsī 고유 앨리스(Alice)[인명, 폴의 딸] | 珍妮 Zhēnnī 고유 제니(Jenny)[인명, 폴의 아내]

상황 영남과 폴이 월요일에 교실에서 이야기를 나눈다.
화제 주말에 무엇을 했나요?

2 다음 그림의 상황을 연결하여 이야기를 만들어 보세요.

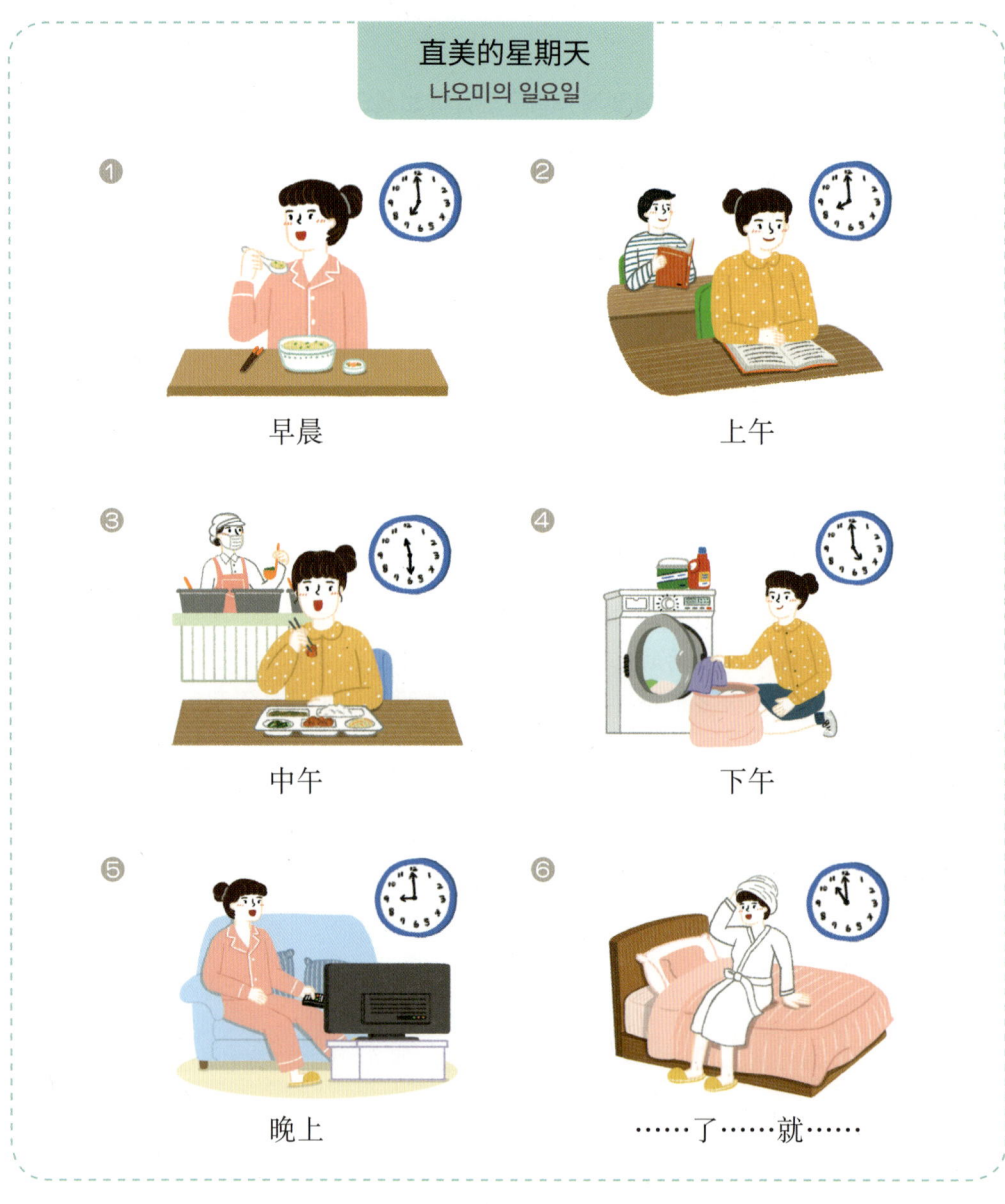

早晨 zǎochén 명 (이른) 아침, 새벽 | 上午 shàngwǔ 명 오전

3 녹음을 듣고, 다음 질문에 답해 보세요. 🎧 07-05

❶

直美和莉莉买了什么东西?

❷ 녹음 내용을 중국어로 다시 말해 보세요.

开 kāi 동 열다, 개최하다 | 晚会 wǎnhuì 명 이브닝 파티 | 市场 shìchǎng 명 시장 | 蛋糕 dàngāo 명 케이크

가을이 되었어요.

秋天了。
Qiūtiān le.

- **학습 목표**
  어기조사 了의 용법을 이해하고 활용할 수 있다.

- **어법 포인트**
  어기조사 了 | 要……了 | 조동사 能, 可以

단어 익히기

🎧 08-01

🔵 회화 단어

秋天 qiūtiān 몡 가을
天气 tiānqì 몡 날씨, 일기
山 shān 몡 산
树叶 shùyè 몡 나뭇잎
红叶 hóngyè 몡 단풍, 단풍잎
巧 qiǎo 혱 교묘하다, 공교롭다
阴 yīn 혱 흐리다
能 néng 조동 ~할 수 있다
睡懒觉 shuì lǎnjiào 늦잠을 자다
睡觉 shuìjiào 동 잠을 자다
懒 lǎn 혱 게으르다, 나태하다
瘦 shòu 혱 마르다, 여위다
看上去 kàn shàngqu 보아하니
更 gèng 부 더욱, 훨씬
帅 shuài 혱 잘생기다
下 xià 몡 다음, 나중
就要 jiùyào 부 머지않아, 곧
回国 huí guó 동 귀국하다
回 huí 동 되돌아오다, 되돌아가다
亲戚 qīnqi 몡 친척

夏天 xiàtiān 몡 여름
晴 qíng 혱 날씨가 개다, 하늘이 맑다
刮 guā 동 (바람이) 불다
风 fēng 몡 바람
该 gāi 동 ~해야 한다
起床 qǐchuáng 동 일어나다, 기상하다
医生 yīshēng 몡 의사
导游 dǎoyóu 몡 관광 안내원, 가이드
记者 jìzhě 몡 기자
胖 pàng 혱 뚱뚱하다, 살찌다
饱 bǎo 혱 배부르다
开 kāi 동 (꽃이) 피다
考试 kǎoshì 동 시험을 보다 몡 시험
结婚 jiéhūn 동 결혼하다
关 guān 동 닫다
门 mén 몡 문, 입구
大后天 dàhòutiān 몡 글피
分钟 fēnzhōng 몡 분[시간의 단위]
开 kāi 동 (기차·버스·배 따위가) 출발하다
矿泉水 kuàngquánshuǐ 몡 생수, 광천수

🔵 고유명사

香山 Xiāngshān 고유 샹산[산 이름]

🔴 어법 단어

冬天 dōngtiān 몡 겨울
冷 lěng 혱 춥다
春天 chūntiān 몡 봄
暖和 nuǎnhuo 혱 따뜻하다

❶ 가을이 되었습니다. 🎧 08-02

秋天了，天气凉了，山上的树叶都红了。西蒙他们
Qiūtiān le, tiānqì liáng le, shān shang de shùyè dōu hóng le. Xīméng tāmen

打算今天去香山看红叶，可是真不巧，天阴了，要下
dǎsuàn jīntiān qù Xiāngshān kàn hóngyè, kěshì zhēn bù qiǎo, tiān yīn le, yào xià

雨了。
yǔ le.

❷ 이제 직원이 되었습니다. 🎧 08-03

小雨现在是职员了，工作很忙，玩儿的时间少了，
Xiǎoyǔ xiànzài shì zhíyuán le, gōngzuò hěn máng, wánr de shíjiān shǎo le,

也不能睡懒觉了。前几天他病了，现在已经好了。最近
yě bù néng shuì lǎnjiào le. Qián jǐ tiān tā bìng le, xiànzài yǐjīng hǎo le.　Zuìjìn

他有点儿瘦了，不过看上去更帅了。
tā yǒudiǎnr shòu le, búguò kàn shàngqu gèng shuài le.

3 곧 수업이 끝납니다. 08-04

现在十一点五十了，要下课了。下课以后，西蒙打算
Xiànzài shíyī diǎn wǔshí le, yào xiàkè le. Xiàkè yǐhòu, Xīméng dǎsuàn

先去食堂吃饭，然后去商店。他下星期就要回国了，他
xiān qù shítáng chī fàn, ránhòu qù shāngdiàn. Tā xià xīngqī jiùyào huíguó le, tā

要给家里人和亲戚朋友买点儿礼物。
yào gěi jiāli rén hé qīnqi péngyou mǎi diǎnr lǐwù.

1 어기조사 '了'

어기조사 '了'는 문장 끝에 쓰여 상황의 변화, 혹은 새로운 상황의 출현을 나타낸다.

秋天了，天气凉了。 가을이 되어서 날씨가 선선해졌다.
Qiūtiān le, tiānqì liáng le.

现在他的病已经好了。 지금 그의 병은 이미 좋아졌다.
Xiànzài tā de bìng yǐjīng hǎo le.

现在十一点五十了，要下课了。 지금은 11시 50분이고, 곧 수업이 끝난다.
Xiànzài shíyī diǎn wǔshí le, yào xiàkè le.

今年我二十一岁了。 올해 나는 21살이 되었다.
Jīnnián wǒ èrshíyī suì le.

문제로 확인

• 그림을 보고 밑줄 친 자리에 주어진 단어를 넣어 교체 연습을 해 보세요.

(1) 보기

秋天了，天气凉了。

❶

冬天、冷

❷

春天、暖和

❸

夏天、热

(2) 보기

天阴了。

① 晴

② 下雨

③ 刮风

(3) 보기

7点了，该起床了。

① 上学

② 吃晚饭

③ 睡觉

(4) 보기 小雨现在是职员了。

① 小元、医生
② 小红、老师
③ 小冬、导游
④ 小夏、记者

(5) 보기 她胖了。

① 他、饱

② 花、开

③ 衣服、便宜

④ 咖啡、凉

2 要……了

'要……了' 형식은 어떤 상황이 곧 변화하려고 하거나, 혹은 새로운 상황이 곧 발생하려고 함을 나타낸다.

要下课了。 곧 수업이 끝난다.
Yào xiàkè le.

我要回国了。 나는 곧 귀국한다.
Wǒ yào huí guó le.

'要' 앞에 '就' 혹은 '快'를 붙여서 시간의 촉박함을 나타낼 수 있다. '快要……了'는 '快……了'로 줄여서 쓰기도 한다.

他就要回国了。 그는 곧 귀국한다.
Tā jiùyào huí guó le.

快上课了。 곧 수업이 시작한다.
Kuài shàngkè le.

'就要……了' 앞에는 시간명사가 부사어로 쓰이기도 한다. 하지만 일반적으로 '快要……了' 앞에는 시간명사가 쓰이지 않는다.

他下星期就要回国了。 그는 다음 주면 곧 귀국한다.
Tā xià xīngqī jiùyào huí guó le.

문제로 확인

• 보기와 같이 '要……了' '就要……了' '快要……了'를 이용하여 문장을 고쳐 써 보세요.

> 보기 我们下星期考试。→ 我们要考试了。

① 现在7:55，8:00上课。 → _____。

② 小雨的姐姐下个月结婚。 → _____。

③ 现在4:00，银行4:30关门。 → _____。

④ 保罗的爱人和孩子大后天回国。 → _____。

⑤ 火车两分钟以后开。 → _____。

3 조동사 '能' '可以'

조동사 '能'과 '可以'는 어떤 능력이나 가능성을 가지고 있음을 나타낸다.

你能吃辣的吗?
Nǐ néng chī là de ma?
당신은 매운 것을 먹을 수 있나요?

你去商店的时候，能帮我买瓶矿泉水吗?
Nǐ qù shāngdiàn de shíhou, néng bāng wǒ mǎi píng kuàngquánshuǐ ma?
상점에 갈 때 나에게 생수 한 병 사다 줄 수 있나요?

他不会说汉语没关系，我可以跟他说英语。
Tā bú huì shuō Hànyǔ méi guānxi, wǒ kěyǐ gēn tā shuō Yīngyǔ.
그가 중국어를 하지 못해도 상관없어요. 나는 그와 영어로 이야기할 수 있거든요.

또한, 객관적인 허가나 허락을 나타낸다.

病人正在休息，你们不能进去。
Bìngrén zhèngzài xiūxi, nǐmen bù néng jìnqu.
환자가 휴식 중이니 들어가면 안 됩니다.

这件衣服我可以试试吗？
Zhè jiàn yīfu wǒ kěyǐ shìshi ma?
이 옷 한번 입어 봐도 되나요?

> ✽ '能'과 '可以'의 부정형은 일반적으로 '不能'을 쓰고, 금지를 나타낼 때만 '不可以'를 쓴다.

문제로 확인

- '不可以'나 '不能'을 이용하여 질문에 답해 보세요.

❶

A 今天下午你可以陪我去逛商店吗?

B 今天下午我有事，_____。

❷

A 现在汽车可以往前走吗?

B _____。

❸

A 妈妈，我可以不去上课吗?

B _____。

1 다음 그림의 상황을 연결하여 이야기를 만들어 보세요.

(1)

> 春天了。
> 봄이 되었어요.

❶ ······暖和······

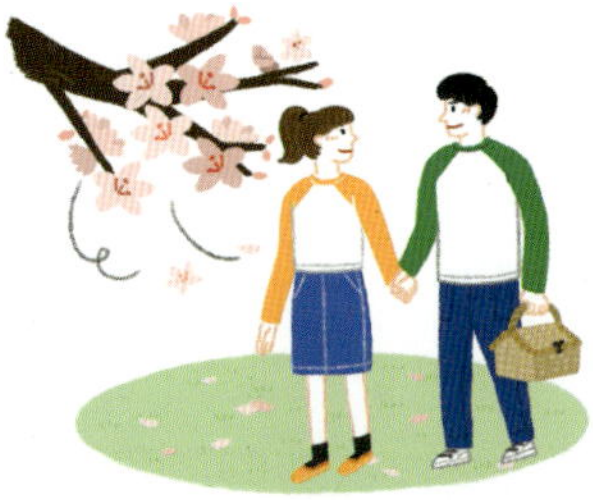

❷ ······开······

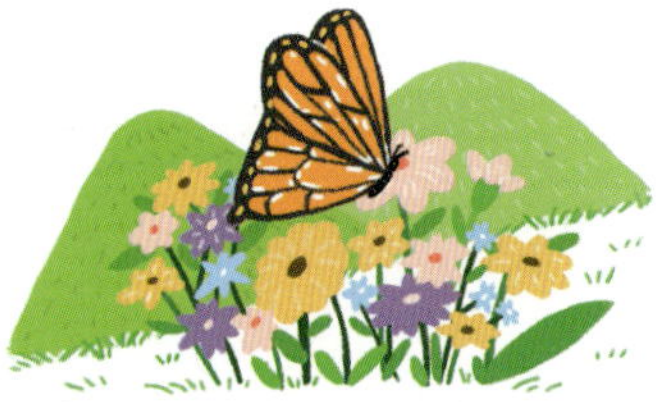

❸ ······绿······

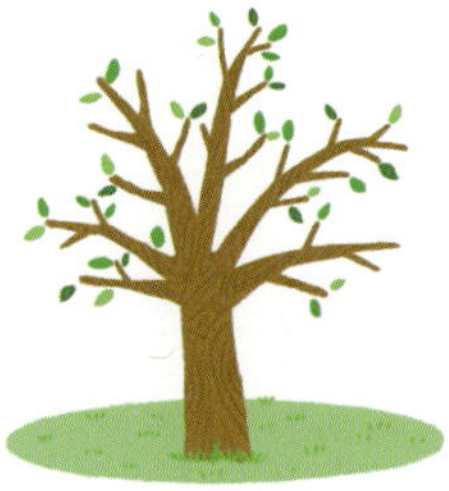

(2)

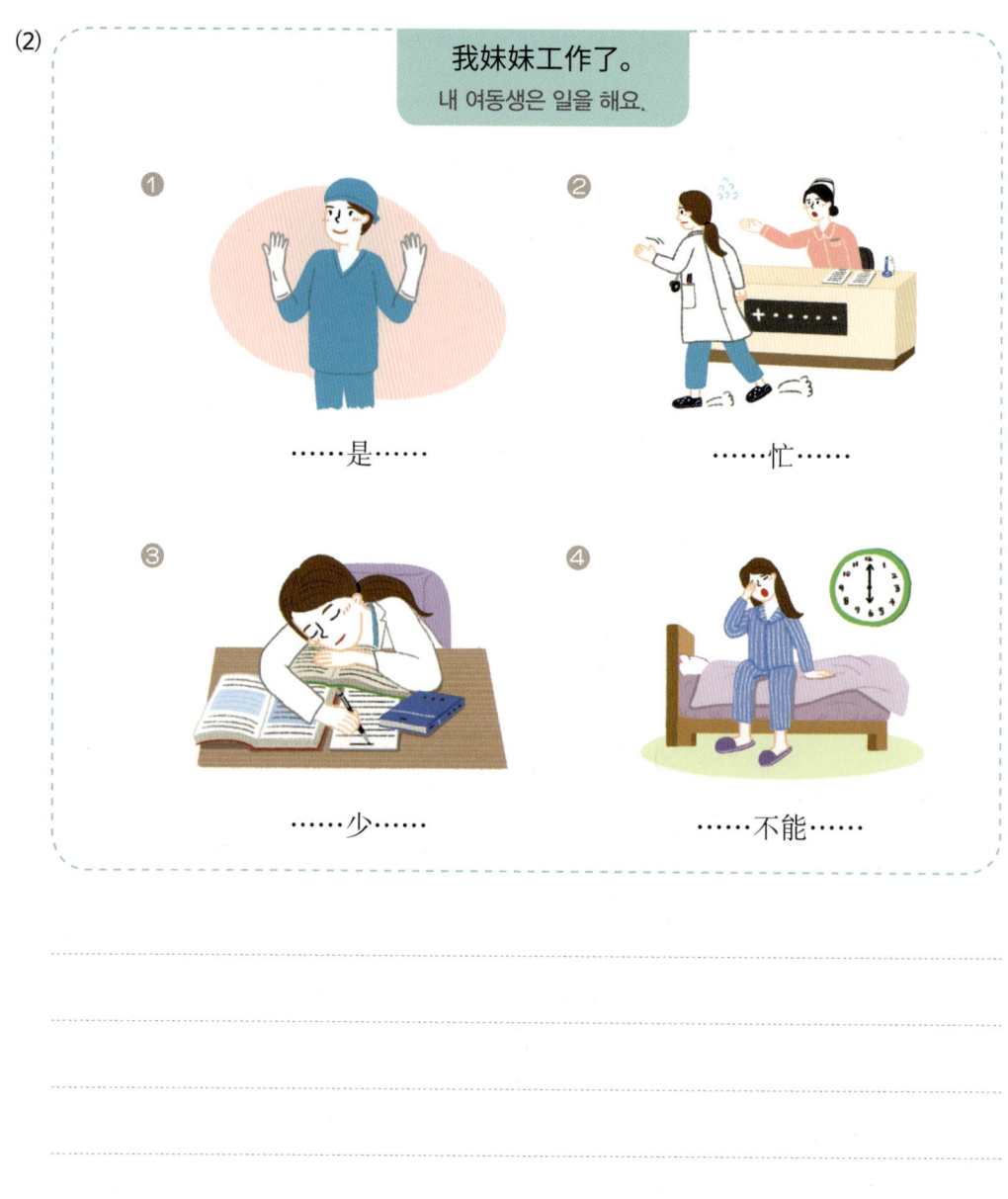

2 지문을 읽고 주어진 상황에 맞게 대화를 만들어 보세요.

上星期小雨病了，现在快好了，下星期就能**上班**了。英男和保罗最近也很忙，他们后天考试，现在正在**复习**。

上班 shàngbān 출근하다 ｜ 复习 fùxí 복습하다

| 상황 | 영남과 폴은 오늘 샤오위를 보러 갔다.
| 역할 | 영남, 폴, 샤오위
| 화제 | 아픈 것은 좀 나았나요?

3 녹음을 듣고, 내용을 다시 중국어로 말해 보세요. 🎧 08-05

幼儿园　　小学

幼儿园 yòu'éryuán 몡 유치원 | 小学 xiǎoxué 몡 초등학교

당신의 수영
실력은 어떤가요?

你游泳游得怎么样?
Nǐ yóuyǒng yóu de zěnmeyàng?

09

- **학습 목표**
  정도보어의 용법을 이해하고 활용할 수 있다.

- **어법 포인트**
  조동사 会, 得 | 정도보어

단어 익히기

🎧 09-01

🔵 회화 단어

会 huì 조동 ~할 수 있다

游泳 yóuyǒng 동 수영하다

得 de 조 [동사나 형용사의 뒤에 쓰여 결과나 정도를 나타내는 보어와 연결시키는 구조조사]

不错 búcuò 형 좋다, 괜찮다

羡慕 xiànmù 동 부러워하다, 선망하다

旱鸭子 hànyāzi 명 수영을 못하는 사람, 맥주병

运动 yùndòng 명 운동

爱 ài 동 사랑하다, ~하기를 좋아하다

踢 tī 동 (축구를) 하다, (공을) 차다

足球 zúqiú 명 축구

球星 qiúxīng 명 유명 선수, 스포츠 스타

棒 bàng 형 훌륭하다, 뛰어나다

队 duì 명 팀

比赛 bǐsài 명 경기, 시합

女朋友 nǚpéngyou 명 여자친구

女 nǚ 형 여자의, 여성의

音乐会 yīnyuèhuì 명 음악회, 콘서트

得 děi 조동 ~해야 한다

赢 yíng 동 이기다, 승리하다

估计 gūjì 동 예측하다, 추측하다

一定 yídìng 부 반드시, 꼭

输 shū 동 지다, 패하다

🟢 어법 단어

打(球) dǎ (qiú) 동 (공을) 치다

网球 wǎngqiú 명 테니스

篮球 lánqiú 명 농구

做 zuò 동 만들다, 하다

打字 dǎzì 동 타자를 치다, 글자를 입력하다

吸烟 xī yān 담배를 피우다, 흡연하다

抽烟 chōu yān 담배를 피우다, 흡연하다

女儿 nǚ'ér 명 딸

场 chǎng 양 회, 번, 차례[문예·오락·체육활동에서 횟수를 세는 단위]

早 zǎo 형 (때가) 이르다, 빠르다

晚 wǎn 형 (규정된 또는 적합한 시간보다) 늦다

🔵 고유명사

罗纳尔多 Luónà'ěrduō 고유 호나우두 (Ronaldo)[브라질 출신의 유명 축구선수]

巴西 Bāxī 고유 브라질

德国 Déguó 고유 독일

회화 배우기

1 수영할 줄 알아요? 🎧 09-02

나오미 你会游泳吗?
　　　　Nǐ huì yóuyǒng ma?

샤오예 我会游泳。
　　　　Wǒ huì yóuyǒng.

나오미 你游泳游得怎么样?
　　　　Nǐ yóuyǒng yóu de zěnmeyàng?

샤오예 我游得不错，能游八百米呢。❶
　　　　Wǒ yóu de búcuò, néng yóu bābǎi mǐ ne.

나오미 我真羡慕你，我是个旱鸭子。
　　　　Wǒ zhēn xiànmù nǐ, wǒ shì ge hànyāzi.

2 어떤 운동을 좋아하나요? 🎧 09-03

샤오위 你喜欢什么运动?
　　　　Nǐ xǐhuan shénme yùndòng?

폴 我爱踢足球。你会不会踢足球？
Wǒ ài tī zúqiú. Nǐ huì bu huì tī zúqiú?

샤오위 会一点儿，不过踢得不怎么样。❷
Huì yìdiǎnr, búguò tī de bù zěnmeyàng.

폴 你最喜欢哪个球星？
Nǐ zuì xǐhuan nǎ ge qiúxīng?

샤오위 罗纳尔多。他球踢得真棒！
Luóná'ěrduō. Tā qiú tī de zhēn bàng!

폴 今晚电视里有巴西队跟德国队的足球比赛。
Jīn wǎn diànshì li yǒu Bāxī Duì gēn Déguó Duì de zúqiú bǐsài.

你想不想看？
Nǐ xiǎng bu xiǎng kàn?

샤오위 我女朋友要去听音乐会，我得陪她。
Wǒ nǚpéngyou yào qù tīng yīnyuèhuì, wǒ děi péi tā.

폴 你猜哪个队会赢？
Nǐ cāi nǎ ge duì huì yíng?

샤오위 我估计巴西队会赢。
Wǒ gūjì Bāxī Duì huì yíng.

폴 这是在德国踢，我想德国队一定不会输。
Zhè shì zài Déguó tī, wǒ xiǎng Déguó Duì yídìng bú huì shū.

신공략 포인트

❶ **能游八百米呢。** 800m는 헤엄칠 수 있어요.
'呢'는 이 문장에서 어떤 사실을 분명히 표현하는 어기로 쓰이는데, 약간은 과장이나 자랑의 어감을 띠기도 한다.

❷ **踢得不怎么样。** 잘 차지는 못해요.
'不怎么样'은 무언가를 평가할 때 쓰는 표현으로, '不好(좋지 않다, 잘하지 못하다)'의 뜻에 해당한다.

1 조동사 '会'

학습을 통해 어떤 기능에 숙달하였음을 나타낸다.

我会游泳。 나는 수영을 할 줄 안다.
Wǒ huì yóuyǒng.

他会说一点儿汉语。 그는 중국어를 조금 할 줄 안다.
Tā huì shuō yìdiǎnr Hànyǔ.

가능성을 나타낸다.

我估计巴西队会赢。 나는 브라질 팀이 이길 거라고 예측한다.
Wǒ gūjì Bāxī Duì huì yíng.

今天不会下雨吧? 오늘 비가 안 오겠죠?
Jīntiān bú huì xià yǔ ba?

문제로 확인

● 주어진 단어로 교체 연습을 해 보고, 실제 상황에 근거하여 대답해 보세요.

游泳
踢足球
打网球
打篮球
做菜
骑车
打字

A 你会说汉语吗?
B 会一点儿。/ 不会。

그림을 보고 '会'나 '能'을 이용하여 대화를 완성해 보세요.

❶

A 英男会说汉语吗?

B _____。

A 现在他能用汉语跟中国人聊天儿吗?

B _____。

❷

A 她会不会游泳?

B _____。

A 她能游多少米?

B _____。

❸

A 她会不会打字?

B _____。

A 她一分钟能打多少字?

B _____。

❹

A 这位先生会抽烟吗?

B _____。

A 在电影院里能不能抽烟?

B _____。

❺

A 你会游泳吗?

B _____。

A 这儿可以游泳吗?

B _____。

♣ 그림을 보고 질문에 답해 보세요.

❶

A 今天会下雨吗?
B _____。

❷

A 这件礼物你女儿会不会喜欢?
B _____。

❸

A 你估计这场比赛哪个队会赢?
B _____。

❹

A 以后我们还会见面吗?
B _____。

2 조동사 '得(děi)'

객관적인 필요를 나타내고, 부정형은 '不用'이다.

我女朋友要去听音乐会，我得陪她。
Wǒ nǚpéngyou yào qù tīng yīnyuèhuì, wǒ děi péi tā.
내 여자친구가 음악회에 가려고 해서 같이 가 줘야 해요.

A **西蒙病了，今天不能来上课，我得告诉老师一下儿。**
Xīméng bìng le, jīntiān bù néng lái shàngkè, wǒ děi gàosu lǎoshī yíxiàr.
사이먼이 아파서 오늘 수업하러 올 수 없어. 내가 선생님께 말씀드려야 해.

B **不用了，我已经告诉老师了。**
Búyòng le, wǒ yǐjīng gàosu lǎoshī le.
그럴 필요 없어. 내가 이미 선생님께 말씀드렸어.

> **문제로 확인**

- '得'를 이용하여 문장을 완성해 보세요.

    ① 要考试了，_____。

    ② 外边下雨了，_____。

    ③ 这孩子病了，_____。

    ④ 那儿离这儿比较远，_____。

3 정도보어

동사나 형용사 뒤에서 술어를 보충설명하는 성분을 '보어'라고 하는데, 그중 동작의 상태·정도를 표시하는 보어를 '정도보어'라고 한다. 간단한 정도보어는 일반적으로 형용사가 주로 쓰이며, 정도보어와 동사의 사이는 구조조사 '得'를 사용하여 연결한다.

A 你游泳游得**怎么样**? 당신 수영 실력이 어때요?
Nǐ yóuyǒng yóu de zěnmeyàng?

B 我游得**不错**。 나는 수영을 잘해요.
Wǒ yóu de búcuò.

他球踢得**棒极了**。 그는 축구를 매우 잘한다.
Tā qiú tī de bàng jí le.

부정형은 정도보어 앞에 '不'를 붙이면 된다.

我足球踢得**不太好**。 나는 축구를 그다지 잘하지 못한다.
Wǒ zúqiú tī de bú tài hǎo.

정반의문문은 보어의 긍정형과 부정형을 나란히 나열한다.

莉莉唱得**好不好**? 릴리는 노래를 잘하나요?
Lìli chàng de hǎo bu hǎo?

동사 뒤에 목적어와 정도보어가 함께 올 경우, 반드시 목적어 뒤에 동사를 한 번 더 써야 한다.

我**唱歌**唱得不错。 나는 노래를 잘한다.
Wǒ chàng gē chàng de búcuò.

만약 목적어를 강조하고 싶거나, 목적어가 비교적 복잡할 때는 목적어를 동사나 주어 앞에 놓을 수도 있다.

西蒙汉语说得不错，**汉字**写得不太好。
Xīméng Hànyǔ shuō de búcuò, Hànzì xiě de bú tài hǎo.
사이먼은 중국어를 잘 말하는데, 한자는 그다지 잘 쓰지 못한다.

昨天的作业你们做得怎么样?
Zuótiān de zuòyè nǐmen zuò de zěnmeyàng?
어제 숙제 너희 어떻게 됐어?

문제로 확인

● 그림을 보고 정도보어를 이용하여 문장을 완성해 보세요.

보기
踢球、好
保罗踢球踢得很好。

❶ 打篮球、棒

5号_____。

❷ 睡、早/晚

爷爷_____,

小雨_____。

❸ 玩儿、高兴

孩子们_____。

❹ 骑、好

他_____。

1 다음의 주제에 맞춰서 중국어로 대화를 나눠 보세요.

주제 무슨 운동을 좋아하나요?

2 다음 그림의 상황을 연결하여 이야기를 만들어 보세요.

我真羡慕他们。
나는 그들이 정말 부러워요.

(1)

① 英男会……
② 동사 + 得……
③ 要……
④ 一定会……

(2)

① 莉莉会……

② 要……

③ 동사 + 得……

3 녹음을 듣고 O, ×를 표시해 보세요. 🎧 09-04

① 我以前不会游泳。 （　）

② 从下星期开始，我朋友教我游泳。 （　）

③ 我觉得游泳太累，没有意思。 （　）

④ 现在我还不会游泳。 （　）

⑤ 昨天我跟游泳老师比赛，我赢了。 （　）

> 开始 kāishǐ 중 시작하다 ｜ 练习 liànxí 중 연습하다, 익히다

4 3번의 녹음 내용을 다시 중국어로 말해 보세요.

신장을 와 보지 않고는
중국이 넓다는 것을 알 수 없다.
不到新疆不知中国之大。
Bú dào Xīnjiāng bù zhī Zhōngguó zhī dà.

내일 저는 귀국해요.

明天我就要回国了。
Míngtiān wǒ jiùyào huí guó le.

10

- **학습 목표**
  접속사의 용법을 이해하고 활용할 수 있다.

- **어법 포인트**
  시량보어 | 就와 才 | 虽然……, 但是…… | 因为……, 所以……

단어 익히기

🔊 10-01

🔊 회화 단어

过	guò	동	지나다, 경과하다
虽然	suīrán	접	비록 ~하지만
紧张	jǐnzhāng	형	긴장하다, 바쁘다, 힘겹다
但是	dànshì	접	그러나, 그런데
愉快	yúkuài	형	유쾌하다, 즐겁다
小时	xiǎoshí	명	시간
送	sòng	동	배웅하다, 데려다주다
才	cái	부	비로소, 겨우
半天	bàntiān	명	한참 동안
因为	yīnwèi	접	왜냐하면, ~때문에
路上	lùshang	명	길 위, 도중
堵车	dǔchē	동	차가 막히다
所以	suǒyǐ	접	그래서, 그러므로
好	hǎo	부	아주, 정말, 참으로
休息	xiūxi	동	휴식하다, 쉬다
一会儿	yíhuìr	명	잠시, 잠깐 동안
不用	búyòng	부	~할 필요가 없다
差	chà	형	부족하다, 모자라다
准备	zhǔnbèi	동	준비하다

✏️ 어법 단어

报纸 bàozhǐ 명 신문, 신문지
话 huà 명 말, 이야기
流利 liúlì 형 유창하다, 막힘이 없다
安静 ānjìng 형 조용하다
邻居 línjū 명 이웃
身体 shēntǐ 명 몸, 신체, 건강
努力 nǔlì 동 노력하다 형 열심히 하다

▶ 고유명사

巴黎 Bālí 고유 파리[지명]

회화 배우기

1 내일 저는 귀국해요. 🎧 10-02

폴: 时间过得真快，我们来中国已经一个多月了。
Shíjiān guò de zhēn kuài, wǒmen lái Zhōngguó yǐjīng yí ge duō yuè le.

사이먼: 是啊，明天我就要回国了。
Shì a, míngtiān wǒ jiùyào huí guó le.

폴: 你觉得在这儿过得怎么样？
Nǐ juéde zài zhèr guò de zěnmeyàng?

사이먼: 虽然学习很紧张，但是我过得挺愉快。
Suīrán xuéxí hěn jǐnzhāng, dànshì wǒ guò de tǐng yúkuài.

폴: 从北京到巴黎得坐多长时间的飞机？
Cóng Běijīng dào Bālí děi zuò duō cháng shíjiān de fēijī?

사이먼: 时间不太长，坐十几个小时就到了。
Shíjiān bú tài cháng, zuò shíjǐ ge xiǎoshí jiù dào le.

폴: 明天我们去送你。
Míngtiān wǒmen qù sòng nǐ.

2 왜 이제서야 오는 거예요? 🎧 10-03

폴 你怎么现在才来？我们等了你半天了。
Nǐ zěnme xiànzài cái lái? Wǒmen děng le nǐ bàntiān le.

샤오위 因为路上堵车了，所以汽车开了五十分钟才到。
Yīnwèi lùshang dǔchē le, suǒyǐ qìchē kāi le wǔshí fēnzhōng cái dào.

폴 你应该早点儿出发。
Nǐ yīnggāi zǎo diǎnr chūfā.

샤오위 我七点就出发了，等车等了好长时间。
Wǒ qī diǎn jiù chūfā le, děng chē děng le hǎo cháng shíjiān.

폴 你先休息一会儿。
Nǐ xiān xiūxi yíhuìr.

샤오위 不用了，咱们快走吧。
Búyòng le, zánmen kuài zǒu ba.

③ 얼마나 오래 배웠나요? 🎧 10-04

(택시에서)

기사 你们学了多长时间汉语了?
Nǐmen xué le duō cháng shíjiān Hànyǔ le?

사이먼 我们学了一个多月了。
Wǒmen xué le yí ge duō yuè le.

기사 你们说得真不错。
Nǐmen shuō de zhēn búcuò.

사이먼 哪里哪里，还差得远呢。❶
Nǎli nǎli, hái chà de yuǎn ne.

기사 你们还准备学多长时间?
Nǐmen hái zhǔnbèi xué duō cháng shíjiān?

사이먼 我今天就回国，他们还要再学两个星期。
Wǒ jīntiān jiù huí guó, tāmen hái yào zài xué liǎng ge xīngqī.

신공략 포인트

❶ **哪里哪里, 还差得远呢。** 별말씀을요. 아직 멀었어요.
'哪里哪里'는 겸손을 나타내며, 다른 사람이 자신을 칭찬할 때 대답으로 자주 쓰인다. '还差得远呢' 역시 다른 사람이 자신의 어떤 방면의 능력을 칭찬할 때 쓰는 겸손의 표현이다.

1 시량보어

시량보어는 하나의 동작이나 상태가 얼마 동안 지속되는지를 설명한다.

时间过得真快，我们来中国已经一个多月了。
Shíjiān guò de zhēn kuài, wǒmen lái Zhōngguó yǐjīng yí ge duō yuè le.
시간 정말 빨리 지나가네요. 우리가 중국에 온 지도 벌써 한 달이 넘었어요.

A 从北京到巴黎得坐多长时间的飞机?
Cóng Běijīng dào Bālí děi zuò duō cháng shíjiān de fēijī?
베이징에서 파리까지는 비행기를 몇 시간 타야 하나요?

B 时间不太长，坐十几个小时就到了。
Shíjiān bú tài cháng, zuò shíjǐ ge xiǎoshí jiù dào le.
시간은 그다지 오래 걸리지 않아요. 열 몇 시간만 타면 바로 도착이에요.

동사 뒤에 목적어가 있을 경우, 일반적으로 동사를 중복해서 쓰고 시량보어는 중복된 동사 뒤에 쓴다.

我七点就出来了，等车等了好长时间。
Wǒ qī diǎn jiù chūlái le, děng chē děng le hǎo cháng shíjiān.
나는 7시에 바로 출발했는데 차를 너무 오래 기다렸어요.

每天西蒙吃早饭吃十分钟。
Měi tiān Xīméng chī zǎofàn chī shí fēnzhōng.
매일 사이먼은 아침을 10분 동안 먹는다.

시량보어는 동사와 목적어 사이에도 올 수 있다. 즉, 위 예문은 다음과 같이 쓸 수도 있다.

我七点就出来了，等了好长时间的车。
Wǒ qī diǎn jiù chūlái le, děng le hǎo cháng shíjiān de chē.
나는 7시에 바로 출발했는데 차를 너무 오래 기다렸어요.

每天西蒙吃十分钟的早饭。
Měi tiān Xīméng chī shí fēnzhōng de zǎofàn.
매일 사이먼은 10분 동안 아침을 먹는다.

만약 동작을 지속하지 못하는 동사가 시량보어와 함께 쓰였다면, 시량보어는 동작의 발생으로부터 어떤 시점 혹은 말할 때까지의 시간을 표시한다.

我来北京一个多月了。
Wǒ lái Běijīng yí ge duō yuè le.
나는 베이징에 온 지 한 달이 넘었다.

现在是十二点半，同学们已经下课半个小时了。
Xiànzài shì shí'èr diǎn bàn, tóngxuémen yǐjīng xiàkè bàn ge xiǎoshí le.
지금은 12시 반이고, 친구들의 수업이 끝난 지 이미 30분이 지났다.

시량보어가 사용된 문장에서 동태조사 '了'와 어기조사 '了'가 함께 쓰였다면, 이 동작이 여전히 진행되고 있음을 나타낸다.

我们学了一个月了。
Wǒmen xué le yí ge yuè le.
우리는 배운 지 한 달 되었다.

문제로 확인

- 그림을 보고 밑줄 친 자리에 주어진 단어를 넣어 교체 연습을 해 보세요.

(1) 보기

睡
A 他睡了多长时间?
B 他睡了8个小时。

❶

等

❷

骑

❸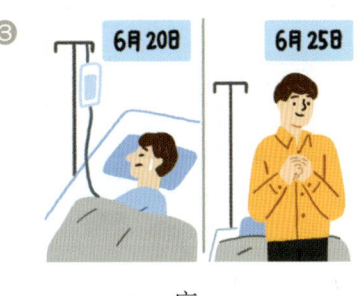

病

(2) 보기

坐、飞机
A 他坐了多长时间(的)飞机?
B 他坐了一个半小时(的)飞机。

❶

看、报纸

❷

上、大学

❸

打、电话

(3) 보기

聊
她们聊了半天了。

❶

当、老师

❷

结婚

2 '就'와 '才'

'就'는 일반적으로 일의 발생이 이르거나 빠름, 혹은 일의 진행이 순조로움을 나타내고, '才'는 일의 발생이 늦거나 느림, 혹은 일의 진행이 순조롭지 못함을 나타낸다.

我七点就出来了。
Wǒ qī diǎn jiù chūlái le.
나는 7시에 바로 나왔다.

八点上课，珍妮七点四十就来了，西蒙八点十分才来。
Bā diǎn shàngkè, Zhēnnī qī diǎn sìshí jiù lái le, Xīméng bā diǎn shí fēn cái lái.
8시 수업인데, 제니는 7시 40분에 바로 왔고, 사이먼은 8시 10분이 되어서야 왔다.

因为路上堵车了，所以汽车开了五十分钟才到。
Yīnwèi lùshang dǔchē le, suǒyǐ qìchē kāi le wǔshí fēnzhōng cái dào.
도중에 차가 막혀서 차를 탄 지 50분이나 지나서야 겨우 도착했다.

坐飞机去大同一个小时就能到，坐火车十个小时才能到。
Zuò fēijī qù Dàtóng yí ge xiǎoshí jiù néng dào, zuò huǒchē shí ge xiǎoshí cái néng dào.
비행기를 타고 다퉁에 가면 한 시간이면 도착할 수 있지만, 기차를 타면 열 시간이나 가야 도착한다.

문제로 확인

- '就'나 '才'를 이용하여 빈칸을 채워 보세요.

  ① 他5岁_____上小学了，我8岁_____上小学。

  ② 小雨9点半_____起床，爷爷5点_____起床了。

  ③ 我妹妹23岁_____结婚了，我哥哥35岁_____结婚。

- '就'나 '才'에 주의하여 빈칸에 적당한 숫자를 채워 보세요.

  ① 昨天晚上，我_____点就睡觉了，我同屋_____点才睡。

  ② 他骑自行车骑了_____分钟就到了，我坐了_____分钟汽车才到。

  ③ 大哥的女儿_____岁就会说话了，二哥的女儿_____岁才会说话。

3 虽然……但是……

'虽然……但是……' 문장은 전환관계를 나타낸다. '虽然'은 앞 절 주어의 앞이나 뒤에 놓일 수 있지만, '但是'는 반드시 뒤 절의 가장 앞에 놓여야 한다.

虽然学习很紧张，**但是**我过得很愉快。
Suīrán xuéxí hěn jǐnzhāng, dànshì wǒ guò de hěn yúkuài.
비록 공부는 힘들었지만 나는 매우 즐겁게 지냈다.

我**虽然**会游泳，**但是**游得不怎么样。
Wǒ suīrán huì yóuyǒng, dànshì yóu de bù zěnmeyàng.
나는 수영을 할 수는 있지만 그다지 잘하지는 못한다.

문제로 확인

● 주어진 단어를 이용하여 문장을 완성해 보세요.

❶ _____，但是说得不太流利。（虽然）

❷ 虽然这个房间有空调，_____。（但是）

❸ 图书馆里_____，但是非常安静。（虽然）

❹ 虽然他们是邻居，_____。（但是）

4 因为……所以……

'因为……所以……' 문장은 인과관계를 나타낸다. '因为'로 시작하는 절은 원인을 나타내고, '所以'로 시작하는 절은 결과를 나타내는데, '因为'만 쓰거나 '所以'만 쓸 수도 있다.

因为路上堵车了，**所以**汽车开了五十分钟才到。
Yīnwèi lùshang dǔchē le, suǒyǐ qìchē kāi le wǔshí fēnzhōng cái dào.
도중에 차가 막혔기 때문에 차를 탄 지 50분이 지나서야 겨우 도착했다.

外边下雨了，**所以**我们不去商店了。
Wàibian xià yǔ le, suǒyǐ wǒmen bú qù shāngdiàn le.
밖에 비가 내리기 때문에 우리는 상점에 가지 않았다.

因为身体不好，这几天他正在家里休息。
Yīnwèi shēntǐ bù hǎo, zhè jǐ tiān tā zhèngzài jiāli xiūxi.
몸이 좋지 않기 때문에 요 며칠 그는 집에서 쉬고 있다.

문제로 확인

● 주어진 단어를 이용하여 문장을 완성해 보세요.

❶ 因为他学习特别努力，＿＿＿＿＿＿＿＿＿＿＿＿＿＿＿。（所以）

❷ 因为他最近身体不太好，＿＿＿＿＿＿＿＿＿＿＿＿＿＿＿。（所以）

❸ ＿＿＿＿＿＿＿＿＿＿＿＿＿＿＿，所以他不能睡懒觉了。（因为）

❹ ＿＿＿＿＿＿＿＿＿＿＿＿＿＿＿，所以顾客特别多。（因为）

1 지문을 읽고 주어진 상황에 맞게 대화를 만들어 보세요.

❶
> A小姐是中国学生。她从**去年**开始学**英语**，现在她说得挺不错的。她还要再学两年。她觉得学英语虽然不太**容易**，但是很有意思。
> B小姐是美国学生。她学了两年汉语了。她说得特别流利。她就要回国了。
>
> 去年 qùnián 명 작년 ｜ 英语 Yīngyǔ 명 영어 ｜ 容易 róngyì 형 쉽다

상황 A와 B는 한 저녁 모임에서 알게 되었다.
화제 중국어/영어를 얼마 동안 배웠나요?
역할 A와 B

❷
> A小姐和B先生打算一起看电影。电影8:00开始，他们应该7:30在电影院门口见面，可是B先生差五分八点才到。A小姐很**生气**。
>
> 生气 shēngqì 동 화내다, 성나다

화제 왜 이제서야 오나요?
역할 A와 B

2 다음 그림의 상황을 연결하여 이야기를 만들어 보세요.

王老师和他爱人结婚……年了，……

3 녹음을 듣고, 빈칸에 들어갈 알맞은 답을 골라 보세요. 🎧 10-05

① 小雨工作_____。
    A 半年了   B 半个多月了   C 快半个月了

② 他一天工作_____。
    A 8个小时   B 7个小时   C 9个小时

③ 他每周工作_____。
    A 2天   B 3天   C 5天

④ 他每天_____去公司。
    A 骑自行车   B 坐公共汽车   C 坐出租车

⑤ 从他家到公司_____就到了。
    A 坐车15分钟
    B 走路15分钟
    C 骑车15分钟

⑥ 工作的时候，小雨觉得_____。
    A 太紧张了，没有意思
    B 不紧张，很舒服
    C 紧张，不过很愉快

⑦ 现在小雨不能_____。
    A 睡觉了
    B 睡懒觉了
    C 起床了

⑧ 他每天_____就得起床了。
    A 8点多
    B 9点
    C 6点

중국 명승지와 명언

물은 배를 띄울 수 있고, 뒤집어 가라앉게도 한다.
水则戴舟水则覆舟。
Shuǐ zé dài zhōu shuǐ zé fù zhōu.

복습 2
06~10

- 6~10과에서 배웠던 주요 단어, 표현, 어법 내용을 복습해 보세요.

주요 단어

06
- 正在 zhèngzài 지금 ~하고 있다[동작·행위의 진행을 나타냄]
- 打折 dǎzhé 가격을 깎다, 할인하다
- 顾客 gùkè 고객, 손님
- 挑 tiāo 고르다, 선택하다
- 排队 páiduì 정렬하다, 줄을 서다
- 招聘 zhāopìn 모집하다, 채용하다
- 打算 dǎsuàn 계획하다, ~할 생각이다
- 聊天儿 liáotiānr 이야기를 나누다

07
- 逛 guàng 거닐다, 산보하다
- 陪 péi 동반하다, 수행하다, 모시다
- 风景 fēngjǐng 경치, 풍경
- 美 měi 아름답다, 좋다, 훌륭하다
- 请 qǐng 대접하다
- 病 bìng 병이 나다, 병
- 抽 chōu (시간을) 내다, 빼다
- 时间 shíjiān 시간

08
- 秋天 qiūtiān 가을
- 天气 tiānqì 날씨, 일기
- 阴 yīn 흐리다
- 冬天 dōngtiān 겨울
- 春天 chūntiān 봄
- 夏天 xiàtiān 여름
- 晴 qíng 날씨가 개다, 하늘이 맑다
- 刮 guā (바람이) 불다

09
- 游泳 yóuyǒng 수영하다
- 运动 yùndòng 운동
- 足球 zúqiú 축구
- 比赛 bǐsài 경기, 시합
- 赢 yíng 이기다, 승리하다
- 输 shū 지다, 패하다
- 网球 wǎngqiú 테니스
- 篮球 lánqiú 농구

10
- 过 guò 지나다, 경과하다
- 紧张 jǐnzhāng 긴장하다, 바쁘다
- 小时 xiǎoshí 시간
- 送 sòng 배웅하다, 데려다주다
- 半天 bàntiān 한참 동안
- 堵车 dǔchē 차가 막히다
- 一会儿 yíhuìr 잠시, 잠깐 동안
- 准备 zhǔnbèi 준비하다

핵심 표현

06
- 이 가게의 물건들은 지금 할인하고 있습니다.
  这家商店的东西正在打折。
  Zhè jiā shāngdiàn de dōngxi zhèngzài dǎzhé.

- 듣자 하니 이 회사는 직원을 채용하고 있다고 합니다.
  听说这家公司正在招聘职员。
  Tīngshuō zhè jiā gōngsī zhèngzài zhāopìn zhíyuán.

- 릴리는 친구들과 함께 방 안에서 커피를 마시면서 이야기를 나누고 있습니다.
  莉莉跟朋友们在房间里一边喝咖啡一边聊天儿。
  Lìli gēn péngyoumen zài fángjiān li yìbiān hē kāfēi yìbiān liáotiānr.

07
- 방금 어디에 갔었나요?
  刚才你去哪儿了?
  Gāngcái nǐ qù nǎr le?

- 주말에 무엇을 했나요?
  周末你做什么了?
  Zhōumò nǐ zuò shénme le?

- 우리 시간 내서 그를 한번 보러 가요.
  咱们抽时间去看看他吧。
  Zánmen chōu shíjiān qù kànkan tā ba.

08
- 가을이 되자 날씨가 선선해졌습니다.
  秋天了,天气凉了。
  Qiūtiān le, tiānqì liáng le.

- 샤오위는 이제 직원이 되어서 일이 너무 바쁩니다.
  小雨现在是职员了,工作很忙。
  Xiǎoyǔ xiànzài shì zhíyuán le, gōngzuò hěn máng.

- 수업이 끝나면 사이먼은 먼저 식당에 가서 밥을 먹고, 그러고 나서 상점에 갈 생각입니다.
  下课以后,西蒙打算先去食堂吃饭,然后去商店。
  Xiàkè yǐhòu, Xīméng dǎsuàn xiān qù shítáng chī fàn, ránhòu qù shāngdiàn.

09

- 수영 실력이 어떤가요?

  你游泳游得怎么样?
  Nǐ yóuyǒng yóu de zěnmeyàng?

- 어떤 운동을 좋아하나요?

  你喜欢什么运动?
  Nǐ xǐhuan shénme yùndòng?

- 어느 팀이 이길 것 같나요?

  你猜哪个队会赢?
  Nǐ cāi nǎge duì huì yíng?

10

- 내일 저는 귀국해요.

  明天我就要回国了。
  Míngtiān wǒ jiùyào huí guó le.

- 왜 이제서야 오는 거예요?

  你怎么现在才来?
  Nǐ zěnme xiànzài cái lái?

- 중국어를 얼마나 오래 배웠나요?

  你们学了多长时间汉语了?
  Nǐmen xué le duō cháng shíjiān Hànyǔ le?

어법 포인트

1 동작의 진행

동작이 진행되고 있는 상황을 표현할 때에는 동사 앞에 '正在' '正' '在' 중 하나를 붙이거나 혹은 문장 끝에 '呢'를 붙여서 나타낸다. 또한, '正在' '正' '在'는 '呢'와 함께 사용해도 된다.

> 他正在等他爱人呢。
> Tā zhèngzài děng tā àiren ne.
> 그는 지금 아내를 기다리고 있다.

2 동태조사 '了'

동사 뒤에 쓰여 동작의 변화나 상태를 나타내는 조사를 '동태조사'라고 한다. 동태조사 '了'는 동사의 바로 뒤에 쓰여서 동작의 완성을 나타낸다.

> 她买了三件衬衣、两条裙子，还有一顶帽子。
> Tā mǎi le sān jiàn chènyī, liǎng tiáo qúnzi, hái yǒu yì dǐng màozi.
> 그녀는 셔츠 세 벌, 치마 두 벌 그리고 모자 하나를 샀다.

3 어기조사 '了'

어기조사 '了'는 문장 끝에 쓰여 상황의 변화, 혹은 새로운 상황의 출현을 나타낸다.

> 现在他的病已经好了。
> Xiànzài tā de bìng yǐjīng hǎo le.
> 지금 그의 병은 이미 좋아졌다.

4 조동사 '能' '可以'

조동사 '能'과 '可以'는 어떤 능력이나 가능성을 가지고 있음을 나타낸다.

> 你能吃辣的吗?
> Nǐ néng chī là de ma?
> 당신은 매운 것을 먹을 수 있나요?

> 他不会说汉语没关系，我可以跟他说英语。
> Tā bú huì shuō Hànyǔ méi guānxi, wǒ kěyǐ gēn tā shuō Yīngyǔ.
> 그가 중국어를 하지 못해도 상관없어요. 나는 그와 영어로 이야기할 수 있거든요.

5 조동사 '会'

학습을 통해 어떤 기능에 숙달하였음을 나타낸다.

他会说一点儿汉语。 그는 중국어를 조금 할 줄 안다.
Tā huì shuō yìdiǎnr Hànyǔ.

6 조동사 '得(děi)'

객관적인 필요를 나타내고, 부정형은 '不用'이다.

A 西蒙病了，今天不能来上课，我得告诉老师一下儿。
Xīméng bìng le, jīntiān bù néng lái shàngkè, wǒ děi gàosu lǎoshī yíxiàr.
사이먼이 아파서 오늘 수업하러 올 수 없어. 내가 선생님께 말씀드려야 해.

B 不用了，我已经告诉老师了。
Búyòng le, wǒ yǐjīng gàosu lǎoshī le.
그럴 필요 없어. 내가 이미 선생님께 말씀드렸어.

7 정도보어

동사나 형용사 뒤에서 보충설명하는 성분을 '보어'라고 하는데, 그중 동작의 상태를 표시하는 보어를 '정도보어'라고 한다. 간단한 정도보어는 형용사가 사용되며, 정도보어와 동사의 사이는 구조조사 '得'를 사용하여 연결한다.

A 你游泳游得怎么样？ 당신 수영 실력이 어때요?
Nǐ yóuyǒng yóu de zěnmeyàng?

B 我游得不错。 나는 수영을 잘해요.
Wǒ yóu de búcuò.

8 '就'와 '才'

'就'는 일의 발생이 이르거나 빠름, 혹은 일의 진행이 순조로움을 나타내고, '才'는 일의 발생이 늦거나 느림, 혹은 일의 진행이 순조롭지 못함을 나타낸다.

坐飞机去一个小时就能到，坐火车十个小时才能到。
Zuò fēijī qù yí ge xiǎoshí jiù néng dào, zuò huǒchē shí ge xiǎoshí cái néng dào.
비행기를 타고 가면 한 시간이면 도착할 수 있지만, 기차를 타면 열 시간이나 가야 도착한다.

Tīngtīng 듣기

1 녹음을 듣고 ○, ×를 표시해 보세요. 🎧 fuxi 04

(1) 이 가게의 물건들은 지금 할인하고 있다. (   )

(2) 가게 안에는 손님들이 거의 없다. (   )

(3) 그는 지금 아내를 기다리고 있다. (   )

2 녹음을 듣고, 질문에 답해 보세요. 🎧 fuxi 05

(1) 누가 병이 났나요?

_____

(2) 그들은 언제 병문안을 갈 예정인가요?

_____

(3) 언제 전화를 할 예정인가요?

_____

3 녹음을 듣고, 여자아이에게 변화가 생긴 곳을 그림에 표시해 보세요. 🎧 fuxi 06

 **Dúdu 읽기**

1 다음 지문을 읽고 질문에 답해 보세요.

> 现在十一点半了，要下课了。下课以后，西蒙打算先去食堂吃饭，
> Xiànzài shíyī diǎn bàn le, yào xiàkè le. Xiàkè yǐhòu, Xīméng dǎsuàn xiān qù shítáng chī fàn,
> 然后去百货商店。他下星期就要回国了，他要给家里人和女朋友买
> ránhòu qù bǎihuòshāngdiàn. Tā xià xīngqī jiùyào huí guó le, tā yào gěi jiāli rén hé nǚpéngyou mǎi
> 点儿礼物。
> diǎnr lǐwù.

⑴ 지금은 몇 시인가요?
_____

⑵ 수업이 끝난 후 사이먼은 무엇을 할 계획인가요?
_____

⑶ 그는 누구에게 선물을 하려고 하나요?
_____

2 다음 대화문을 읽고 O, ×를 표시해 보세요.

> A 时间过得真快，我们来中国已经一年多了。
> Shíjiān guò de zhēn kuài, wǒmen lái Zhōngguó yǐjīng yì nián duō le.
> B 是啊，明天我就要回国了。
> Shì a, míngtiān wǒ jiùyào huí guó le.
> A 从北京到首尔得坐多长时间的飞机?
> Cóng Běijīng dào Shǒu'ěr děi zuò duō cháng shíjiān de fēijī?
> B 时间不太长，坐两个多小时就到了。
> Shíjiān bú tài cháng, zuò liǎng ge duō xiǎoshí jiù dào le.
> A 明天我们去送你。
> Míngtiān wǒmen qù sòng nǐ.

⑴ 그들은 중국에 온 지 한 달이 됐다. (   )
⑵ 베이징에서 서울까지는 비행기로 두 시간 남짓 걸린다. (   )
⑶ A는 내일 B를 배웅할 것이다. (   )

 말하기

1 자신이 좋아하는 계절에 대해 설명해 보세요.

2 자신이 좋아하는 운동에 대해 소개해 보세요.

3 짝과 함께 무엇을 얼마나 배웠는지 묻고 답해 보세요.

A 你学了多长时间_____了?

B _____。

활용단어 汉语 Hànyǔ | 英语 Yīngyǔ | 日语 Rìyǔ | 西班牙语 Xībānyáyǔ | 年 nián | 月 yuè

Xiěxie 쓰기

1 보기에서 알맞은 단어를 골라 다음 문장을 완성해 보세요.

> 树叶　　　羡慕　　　招聘　　　看上去

(1) 听说这家公司正在_____职员。

(2) 秋天了，山上的_____都红了。

(3) 最近他有点儿瘦了，不过_____更帅了。

(4) 我真_____你，我是个旱鸭子。

2 빈칸에 들어갈 알맞은 말을 써 넣으세요.

(1) 周末我_____朋友去长城了。 주말에 나는 친구를 데리고 만리장성에 갔었다.

(2) 我最近工作很忙，不能_____了。 나는 요즘 일이 바빠서 늦잠을 잘 수 없다.

(3) 我_____巴西队会赢。 내 예상으로는 브라질 팀이 이길 것 같다.

(4) 我们等了你_____了。 우리 한참 기다렸어요.

3 다음 문장을 중국어로 써 보세요.

(1) 방금 어디에 갔었나요?　→ _____

(2) 주말에 무엇을 했나요?　→ _____

(3) 내일 저는 귀국해요.　→ _____

(4) 조금 일찍 출발했어야죠.　→ _____

- 본문 해석
- 모범답안 & 녹음대본

본문 해석

01 사무동은 강의동 북쪽에 있어요.

❶ 우리 학교의 건물 배치

우리 학교에는 강의동, 사무동, 도서관과 유학생 기숙사가 있습니다. 사무동은 강의동 북쪽에 있고, 도서관은 사무동 서쪽, 유학생 기숙사는 도서관 남쪽에 있습니다.

❷ 학교 주변의 건물 배치

학교 근처에는 음식점과 상점이 많고, 동쪽에는 영화관도 있습니다. 영화관 맞은편은 약국이고, 약국 옆은 슈퍼마켓입니다.

❸ 폴과 친구들의 사진

이것은 폴과 친구들의 사진입니다. 왼쪽은 샤오위이고, 오른쪽은 영남입니다. 사이먼은 샤오위와 영남이 사이에 있습니다. 폴은 어디에 있을까요? 폴은 사이먼과 영남이 뒤쪽에 있습니다.

❹ 릴리의 책상

이것은 릴리의 책상입니다. 책상 위에는 책 한 권, 스탠드 하나가 있고, 릴리 남자친구의 사진도 한 장 있습니다. 책상 밑에 있는 것은 릴리의 책가방입니다. 서랍 안에는 무엇이 있을까요? 서랍 안에는 초콜릿 하나가 있습니다.

02 빨간색을 드릴까요, 파란색을 드릴까요?

❶ 빨간색을 드릴까요, 파란색을 드릴까요?

폴   볼펜 두 자루 주세요.
점원 빨간색을 드릴까요, 파란색을 드릴까요?
폴   각각 한 자루씩 주세요.
점원 다른 것도 필요하신가요?
폴   아니요.

❷ 칭다오 맥주 있나요?

폴   실례합니다. 맥주는 어디에서 파나요?
점원 저쪽에서 팝니다.
폴   칭다오 맥주 있나요?
점원 있습니다. 몇 병 드릴까요?
폴   네 병이요. 코카콜라 두 캔도 주세요.

❸ 모두 얼마죠?

폴   모두 얼마죠?
점원 19.4위안입니다.
폴   여기 있어요.
점원 잔돈 있으세요?
폴   없는데요.
점원 50위안 주셨으니까, 30.6위안 거슬러 드릴게요. 세어 보세요.

❹ 토마토는 어떻게 파나요?

나오미 귤은 한 근에 얼마예요?
상인   큰 것은 한 근에 3위안이고, 작은 것은 네 근에 10위안이에요.
나오미 달아요?
상인   맛 좀 보세요. 안 달면 돈 안 받을게요.
         ・・・・・・・・・
나오미 토마토는 어떻게 파나요?
상인   한 근에 3.8위안이에요.
나오미 신선한가요?
상인   이거 오늘 아침에 딴 거예요. 너무 신선해요.

03 추천 좀 해 주세요.

❶ 얼마짜리로 사실 건가요?

영남   핸드폰을 사려고 하는데, 추천 좀 해 주세요.
판매원 얼마짜리로 사실 건가요?
영남   2천위안 정도요.
판매원 이 브랜드로 한번 보세요. 품질도 좋고 가격도 저렴해요.
영남   디자인도 아주 멋지네요.

2 신어 봐도 될까요?

영남 이 신발은 몇 호인가요?
판매원 45호입니다.
영남 신어 봐도 될까요?
판매원 그럼요.
영남 이건 조금 작은데, 조금 큰 사이즈 있나요?
판매원 있어요. 45호 반으로 다시 한번 신어 보세요.
영남 이게 크지도 않고 작지도 않고, 아주 딱 맞네요.

3 무엇을 사시겠습니까?

판매원 무엇을 사시겠습니까?
릴리 저 흰색 실크 블라우스 좀 볼게요. 다른 색도 있나요?
판매원 없습니다. 이 색상밖에 없어요.
릴리 한 벌에 얼마인가요?
판매원 180위안입니다.
릴리 너무 비싸네요. 좀 깎아 주세요.
판매원 160위안에 드릴게요.
릴리 조금만 더 싸게 해주세요. 150위안 어때요?
판매원 좋습니다.

04 우리 먹어 보러 갈래요?

1 우리 먹어 보러 갈래요?

나오미 쓰촨요리가 맛있다던데, 우리 먹어 보러 갈래?
릴리 좋지. 언제 갈까?
나오미 오늘 저녁 어때?
릴리 나 오늘 저녁에는 일이 있어. 내일 점심에 괜찮아?
나오미 좋아!

2 메뉴판 여기 있습니다.

종업원 메뉴판 여기 있습니다. 주문해 주세요.
나오미 위샹러우쓰 하나, 마포떠우푸 하나, 공깃밥 둘, 쏸라탕 하나 주세요.
종업원 음료는 무엇으로 하시겠어요?
나오미 차 한 주전자 주세요.
종업원 잠시만 기다려 주세요.
나오미 중국 음식 맛있는 것 같아?
릴리 맛있기는 한데, 기름기가 너무 많아.
나오미 너는 어떤 음식 좋아해?
릴리 나는 한국 음식을 제일 좋아해. 매운 걸 좋아하거든. 너는?
나오미 나는 신 것, 매운 것, 짠 것, 쓴 것 모두 좋아하는데, 단 것은 좋아하지 않아.

3 오늘은 내가 한턱낼게요.

나오미 여기요. 계산서 주세요.
릴리 냅킨 두 장만 더 가져다 주세요.
나오미 내가 계산할게. 오늘은 내가 한턱낸다.
릴리 좋아. 다음에는 내가 한국 음식을 대접할게.

05 우체국에 어떻게 가나요?

1 여기에서 얼마나 먼가요?

릴리 우체국에 어떻게 가나요?
중국인 앞쪽으로 쭉 가다가 사거리에서 오른쪽으로 꺾으세요.
릴리 여기에서 얼마나 먼가요?
중국인 200m 남짓 됩니다.

2 차를 어떻게 타야 하나요?

나오미 여기에서 백화점까지 얼마나 먼가요?
중국인 13~14km 정도 돼요.
나오미 차를 어떻게 타야 할까요?
중국인 길을 건너서 먼저 2번 버스를 탄 후에 지하철로 갈아타세요.

3 실례합니다.

폴 실례합니다. 저는 톈안먼에 가는데요. 어느 길로 가야 할까요?
중국인 이쪽 길이나 저쪽 길 다 괜찮아요.
폴 어느 길이 가까운가요?

중국인　이쪽 길이 가깝지만 조금 복잡해요.
폴　제 자전거 운전 실력이 별로 좋지 않으니 저쪽 길로 가는 것이 낫겠네요.

4 기차를 탈까요, 비행기를 탈까요?

폴　주말에 다퉁에 가는 거 어때?
영남　좋지. 기차를 탈까, 비행기를 탈까?
폴　비행기를 타자. 빠르고 편하잖아.
영남　그렇지만 비행기를 타면 너무 비싸. 기차를 타는 것이 낫겠어.

06 그는 지금 아내를 기다리고 있어요.

1 지금 할인하고 있습니다.

이 가게의 물건들은 지금 할인하고 있습니다. 가게 안에는 손님들이 정말 많은데, 어떤 사람은 물건을 고르고 있고, 어떤 사람은 줄을 서서 계산을 하고 있습니다. 아! 이분은 무엇을 하고 있는 걸까요? 그는 지금 아내를 기다리고 있군요.

2 일자리를 찾고 있습니다.

샤오위는 요즘 매우 바쁜데, 일자리를 찾고 있습니다. 방금 내가 그가 있는 곳에 갔을 때 그는 어떤 회사에 전화를 걸고 있었습니다. 듣자 하니 그 회사는 직원을 채용하고 있는데, 그는 지원해 볼 계획이라고 합니다.

3 커피를 마시며 이야기를 나누고 있습니다.

밖에는 지금 비가 내리고 있습니다. 릴리는 친구들과 함께 방 안에서 커피를 마시면서 이야기를 나누고 있습니다. 릴리가 모두에게 물었습니다. "내년 이맘때, 너희는 무엇을 하고 있을 것 같아?" 샤오예가 말했습니다. "나는 아마도 남자친구와 함께 여행을 하고 있을 것 같아." 나오미가 말했습니다. "나는 아마도 너희들을 생각하고 있을 거야." 안나의 대답이 매우 재미있습니다. 한번 맞춰 보세요. 그녀는 뭐라고 했을까요?

07 방금 어디에 갔었나요?

1 방금 어디에 갔었나요?

샤오예　너 방금 어디 갔었어?
릴리　나오미랑 상점 구경 갔었어.
샤오예　물건을 샀니?
릴리　나는 안 샀고, 나오미는 샀어.
샤오예　나오미는 무슨 물건을 샀니?
릴리　셔츠 세 벌, 치마 두 벌, 그리고 모자도 하나 샀어.
샤오예　와, 그렇게 많이 사다니!

2 주말에 무엇을 했나요?

샤오예　주말에 뭐 했어?
릴리　내 친구가 베이징에 와서, 주말에 그를 데리고 만리장성에 갔었어.
샤오예　이허위안에는 갔었어? 나는 이허위안의 경치가 정말 아름답다고 생각하거든.
릴리　아직 안 갔어. 우리는 모레 갈 생각이야.
샤오예　너 그 친구에게 베이징 오리구이를 대접했니?
릴리　그야 물론이지. 어제 우리는 취안쥐더에서 오리구이를 큰 거로 한 마리 먹었어.

3 우리 시간 내서 한번 보러 가요.

영남　샤오위가 아프다고 하던데, 우리 시간 내서 한번 보러 가자.
폴　좋아. 언제 갈까?
영남　내일 수업이 없으니까, 아침 먹자마자 바로 가 보자.
폴　샤오위에게는 말했어?
영남　아직 안 했어. 수업 끝나고 바로 그에게 전화할게.

08 가을이 되었어요.

1 가을이 되었습니다.

가을이 되었습니다. 날씨도 선선해졌고, 산의 나뭇잎들도 모두 붉게 물들었습니다. 사이먼 일행은 오늘 샹산으로 단풍 구경을 하러 갈 생각입니다. 그런데 정말 공교롭게도 날이 흐려지더니 비가 오려고 합니다.

② 이제 직원이 되었습니다.

샤오위는 이제 직원이 되었습니다. 일이 너무 바빠서 노는 시간이 줄어들었고, 또 늦잠도 잘 수 없게 되었습니다. 며칠 전에 그는 병이 났었는데 지금은 좋아졌습니다. 최근에는 살이 조금 빠졌지만 보기에는 더욱 잘생겨졌습니다.

③ 곧 수업이 끝납니다.

지금은 11시 50분이고, 곧 수업이 끝나려고 합니다. 수업이 끝나면 사이먼은 먼저 식당으로 가서 밥을 먹고, 그리고 나서 상점에 갈 생각입니다. 그는 다음 주면 귀국을 하는데, 가족과 친척, 친구들에게 줄 선물을 조금 사려고 합니다.

09 당신의 수영 실력은 어떤가요?

① 수영할 줄 아나요?

나오미 너 수영할 줄 알아?
샤오예 할 줄 알지.
나오미 수영 실력은 어때?
샤오예 꽤 잘해. 800m는 갈 수 있어.
나오미 정말 부럽다. 나는 맥주병이거든.

② 어떤 운동을 좋아하나요?

샤오위 너는 어떤 운동을 좋아해?
폴 나는 축구 하는 걸 좋아해. 너 축구 할 줄 알아?
샤오위 조금은 하는데, 잘 차지는 못해.
폴 어떤 축구 스타를 제일 좋아해?
샤오위 호나우두지. 그는 정말 잘 차거든!
폴 오늘 저녁에 TV에서 브라질 팀과 독일 팀의 축구 경기가 있는데, 너 볼 거니?
샤오위 내 여자친구가 음악회에 가야 한다고 해서 같이 가 줘야 해.
폴 어느 팀이 이길 것 같아?

샤오위 내 예상으로는 브라질 팀이 이길 것 같아.
폴 이번 경기는 독일에서 하는 시합이야. 내 생각에는 독일 팀이 절대 지지 않을 것 같아.

10 내일 저는 귀국해요.

① 내일 저는 귀국해요.

폴 시간 정말 빨리 간다. 우리가 중국에 온 지도 벌써 한 달이 넘었어.
사이먼 그러게. 내일 나는 귀국해.
폴 너는 이곳에서 어떻게 지낸 것 같아?
사이먼 비록 공부는 힘들었지만 아주 즐겁게 지냈어.
폴 베이징에서 파리까지는 비행기를 몇 시간 타야 돼?
사이먼 시간은 그다지 오래 걸리지 않아. 열 몇 시간만 타면 바로 도착이야.
폴 내일 우리가 배웅해 줄게.

② 왜 이제서야 오는 거예요?

폴 너 왜 이제서야 오는 거야? 우리 한참 기다렸잖아.
샤오위 도중에 차가 막혀서 차를 탄 지 50분이나 지나서야 겨우 도착했어.
폴 조금 일찍 출발했어야지.
샤오위 7시에 바로 출발했지. 차를 너무 오래 기다렸어.
폴 우선 잠깐 숨 좀 돌려.
샤오위 괜찮아. 우리 빨리 가자.

③ 얼마나 오래 배웠나요?

기사 여러분은 중국어를 얼마나 오래 배웠나요?
사이먼 한 달 조금 넘게 배웠어요.
기사 말을 정말 잘하네요.
사이먼 별말씀을요. 아직 멀었어요.
기사 얼마나 더 공부할 생각인가요?
사이먼 저는 오늘 귀국이고요. 얘네는 아직 두 주 더 공부할 거예요.

모범답안 & 녹음대본

01

어법 다지기 | 문제로 확인

1 존재문

●
① A 学校里边有医院吗? B 学校里边有医院。	① A 교내에는 병원이 있나요? B 교내에는 병원이 있어요.
② A 附近有药店吗? B 附近有药店。	② A 근처에 약국이 있나요? B 근처에 약국이 있어요.
③ A 桌子上有照片吗? B 桌子上没有照片。	③ A 책상 위에는 사진이 있나요? B 책상 위에는 사진이 없어요.
④ A 丹尼尔旁边有人吗? B 丹尼尔旁边没有人。	④ A 다니엘 옆에는 사람이 있나요? B 다니엘 옆에는 아무도 없어요.

●●
① A 莉莉前边是谁? B 莉莉前边是直美。	① A 릴리 앞에 있는 사람은 누구인가요? B 릴리 앞에 있는 사람은 나오미예요.
② A 七号楼东边是几号楼? B 七号楼东边是六号楼。	② A 7호동 동쪽은 몇 동인가요? B 7호동 동쪽은 6호동이에요.
③ A 床下边是谁的鞋? B 床下边是保罗的鞋。	③ A 침대 밑에 있는 것은 누구의 신발인가요? B 침대 밑에 있는 것은 폴의 신발이에요.
④ A 小雨房间对面是谁的房间? B 小雨房间对面是姐姐的房间。	④ A 샤오위 방 맞은편은 누구의 방인가요? B 샤오위 방 맞은편은 누나의 방이에요.

●●●
① A 莉莉在哪儿? B 莉莉在安娜和直美中间。	① A 릴리는 어디에 있나요? B 릴리는 안나와 나오미 사이에 있어요.
② A 邮局在那儿? B 邮局在银行对面。	② A 우체국은 어디에 있나요? B 우체국은 은행 맞은편에 있어요.
③ A 眼镜在哪儿? B 眼镜在床上边。	③ A 안경은 어디에 있나요? B 안경은 침대 위에 있어요.
④ A 闹钟在哪儿? B 闹钟在台灯旁边。	④ A 자명종은 어디에 있나요? B 자명종은 스탠드 옆에 있어요.

A 我的眼睛在哪儿？ B 在桌子上吧。 A 不在桌子上。 B 床上没有吗？ A 床上也没有。 B 咦(yí)，你眼睛前边是什么？ A 啊！在这儿！	A 내 안경 어디 있지? B 책상 위에 있겠지. A 책상 위에 없는데. B 침대 위에 없어? A 침대 위에도 없네. B 어, 네 눈앞에 있는 건 뭐야? A 아! 여기 있구나!

내공 쌓기

1

我前边是智慧(Zhìhuì)，成友(Chéngyǒu)在我后边。右边是民胜(Mínshèng)的桌子，他的桌子上边有一本汉语词典。我的书包在桌子下边。	내 앞은 지혜이고, 성우는 내 뒤에 있다. 오른쪽은 민승이의 책상이고, 그의 책상 위에는 중국어 사전이 있다. 내 책가방은 책상 아래에 있다.

2

❶ A 3号楼在哪儿？ B 3号楼在4号楼北边。 A 3号楼附近有什么？ B 3号楼东边是公园，公园南边有书店和饭馆。 A 邮局在哪儿？ B 邮局在4号楼前边，也是书店的西边。 ❷ A 这是什么照片？ B 这是我们班老师和同学们的照片。 A 中间是你们的老师吗？ B 是，这是我们的老师。 A 老师的两边是谁？ B 老师的左边是承友(Chéngyǒu)，右边是恩美(Ēnměi)。 A 承友的旁边是你，是吧？ B 对，就是我。 A 后边的两位同学是谁？ B 承友的后边是徐俊(Xújùn)，恩美的后边是正秀(Zhèngxiù)。	❶ A 3호동은 어디에 있어? B 3호동은 4호동 북쪽에 있어. A 3호동 근처에는 뭐가 있는데? B 3호동 동쪽은 공원이고, 공원 남쪽에는 서점과 식당이 있어. A 우체국은 어디에 있어? B 우체국은 4호동 앞쪽에 있는데, 서점의 서쪽이기도 해. ❷ A 이거 무슨 사진이야? B 이거 우리 반 선생님과 친구들 사진이야. A 중간에 계신 분이 너희 선생님이셔? B 응. 이분이 우리 선생님이야. A 선생님 양쪽은 누구야? B 선생님 왼쪽은 승우고, 오른쪽은 은미야. A 승우 옆이 너지? B 응. 나야. A 뒤에 있는 둘은 누구야? B 승우 뒤쪽은 서준이고, 은미 뒤쪽은 정수야.

3

녹음대본

小雨家在北京语言大学旁边，他家对面是一个眼镜店。眼镜店旁边是中国银行。中国银行西边有一个电影院。

샤오위의 집은 베이징어언대학 옆에 있고, 그의 집 맞은편은 안경점이다. 안경점 옆은 중국은행이고, 중국은행 서쪽은 영화관이다.

02

어법 다지기 | 문제로 확인

1 '的'자 구조

① A 这是谁的?
　B 这不是我的。

② A 这是你的吗?
　B 是，就是我的。

③ A 这是不是酸的?
　B 这不是酸的。

④ A 哪辆自行车是你的?
　B 这辆自行车是我的。

① A 이것은 누구 것인가요?
　B 이것은 제 것이 아니에요.

② A 이것은 당신 것인가요?
　B 네, 제 것이에요.

③ A 이것은 신 것인가요?
　B 이것은 신 것이 아니에요.

④ A 어느 자전거가 당신 것인가요?
　B 이 자전거가 제 것이에요.

❷ 선택의문문

❶ A 这是铅笔还是圆珠笔? B 这是铅笔。	❶ A 이것은 연필인가요, 볼펜인가요? B 이것은 연필이에요.
❷ A 这是你姐姐还是妹妹? B 这是我妹妹。	❷ A 이 사람은 당신 누나인가요, 여동생인가요? B 제 여동생이에요.
❸ A 你喝可乐还是咖啡? B 我喝可乐。	❸ A 콜라를 드시겠습니까, 커피를 드시겠습니까? B 콜라를 마실게요.
❹ A 你要橘子还是苹果? B 我要苹果。	❹ A 귤을 드릴까요, 사과를 드릴까요? B 사과 주세요.
❺ A 今天是星期三还是星期四? B 今天是星期四。	❺ A 오늘은 수요일인가요, 목요일인가요? B 오늘은 목요일이에요.
❻ A 你要大的还是小的? B 我要大的。	❻ A 큰 것을 줄까, 작은 것을 줄까? B 큰 것으로 주세요.
❼ A 你要热的还是凉的? B 我要凉的。	❼ A 뜨거운 것을 드릴까요, 차가운 것을 드릴까요? B 차가운 것으로 주세요.
❽ A 你要长的还是短的? B 我要短的。	❽ A 긴 것을 드릴까요, 짧은 것을 드릴까요? B 짧은 것을 주세요.

❸ 금액 표현법

❶ A 这个面包多少钱? B 这个面包是五块八。	❶ A 이 빵은 얼마인가요? B 이 빵은 5.8위안이에요.
❷ A 西红柿多少钱一斤? B 西红柿三块八一斤。	❷ A 토마토는 한 근에 얼마인가요? B 토마토는 한 근에 3.8위안이에요.
❸ A 这辆自行车多少钱? B 这辆自行车一千四百三十块。	❸ A 이 자전거는 얼마인가요? B 이 자전거는 1430위안이에요.
❹ A 两杯咖啡、一杯牛奶,一共多少钱? B 一共二十五块。	❹ A 커피 두 잔과 우유 한 잔은 모두 얼마인가요? B 모두 25위안이에요.

내공 쌓기

1

❶ A 我要买两本本子和一支笔，还有一块面包和三瓶矿泉水。
B 好的。还要别的吗？
A 还要五张邮票和十个信封。
B 对不起。这儿没有邮票和信封。
A 那么，在哪儿卖邮票和信封？
B 对面有一个邮局，那儿卖。
A 谢谢。本子、笔、面包和矿泉水，一共多少钱？
B 一共三十七块五。

❷ A 您要什么？
B 苹果和香蕉怎么卖？
A 苹果五块钱一斤，香蕉一斤三块。
B 来两斤苹果和一斤香蕉。
A 好的，一共十三块。
B 还有，橘子多少钱一斤？
A 四块钱一斤。
B 来半斤吧。
A 好，一共十五块。
B 谢谢!

❶ A 공책 두 권과 펜 한 자루, 식빵 하나와 생수 세 병을 사려고요.
B 네. 더 필요한 것이 있으신가요?
A 우표 다섯 장과 편지봉투 열 장도 주세요.
B 죄송하지만 여기에는 우표와 편지봉투가 없어요.
A 그럼 어디에서 우표와 편지봉투를 팔죠?
B 맞은편에 우체국이 있는데, 거기에서 팔아요.
A 감사합니다. 공책, 펜, 식빵, 생수는 모두 얼마죠?
B 모두 37.5위안이에요.

❷ A 무엇을 찾으세요?
B 사과랑 바나나는 어떻게 파나요?
A 사과는 한 근에 5위안, 바나나는 한 근에 3위안이에요.
B 사과 두 근이랑 바나나 한 근 주세요.
A 네, 총 13위안입니다.
B 그리고 귤은 한 근에 얼마죠?
A 한 근에 4위안이에요.
B 반 근 주세요.
A 네, 총 15위안입니다.
B 감사합니다!

2

　　王二在路边卖杏，一个女人问王二：“这个杏甜不甜？”王二回答说：“这个杏很甜。”但女人说不要了。一个男人问王二这个杏酸不酸，王二说杏很酸，可男人说不要了。这时，一位老人又来问王二这个杏甜还是酸，王二回答说，这边是甜的，那边是酸的。老人说：“我要不甜也不酸的。”

　　왕얼은 길가에서 살구를 팔았는데, 한 여자가 왕얼에게 물었습니다. "이 살구 단가요?" 왕얼은 대답했습니다. "이 살구 매우 달아요." 여자는 안 산다고 했습니다. 한 남자가 왕얼에게 이 살구가 신지 물었고, 왕얼은 매우 시다고 말했습니다. 남자는 필요 없다고 했습니다. 이때 노인이 또 왕얼에게 이 살구가 단지 신지 물었고 왕얼은 대답했습니다. 이쪽은 달고 저쪽은 십니다. 노인이 말했습니다. "나는 달지도 시지도 않은 것을 원하오."

3

① C 买一斤苹果、一斤橘子。
② B 苹果四块五一斤。
③ B 我的橘子很甜。
④ A 西红柿多少钱?

① C 사과 한 근, 귤 한 근을 사다.
② B 사과는 한 근에 4.5위안이다.
③ B 우리 귤은 매우 달아요.
④ A 토마토는 얼마예요?

녹음대본

① 苹果、橘子一样买一斤。
② 苹果九块钱两斤。
③ 我的橘子不甜不要钱。
④ 西红柿怎么卖?

① 사과, 귤을 똑같이 한 근씩 사다.
② 사과는 두 근에 9위안이다.
③ 우리 귤이 달지 않으면 돈을 받지 않을게요.
④ 토마토는 어떻게 팔아요?

03

어법 다지기 | 문제로 확인

1 조동사 '想'

① 他们想吃包子。
② 他们想去青岛旅行。

① 그들은 찐빵(빠오즈)가 먹고 싶다.
② 그들은 칭다오로 여행 가고 싶다.

2 조동사 '要'

① A 你要喝咖啡吗?
　 B 我不想喝咖啡，我要喝牛奶。
② A 要不要带雨伞?
　 B 天气很好，不用带雨伞。
③ A 要我跟他说吗?
　 B 不用，他知道。
④ A 今晚咱们去饭馆吃饭，怎么样?
　 B 我不想去饭馆，我想在家吃。

① A 커피 마실래요?
　 B 커피는 마시고 싶지 않고, 우유 마실래요.
② A 우산을 가져가야 할까요?
　 B 날씨가 좋네요. 우산 가져갈 필요 없겠어요.
③ A 내가 그에게 말해야 할까요?
　 B 그럴 필요 없어요. 그는 알고 있어요.
④ A 오늘 저녁에 우리 식당에 가서 식사하는 게 어떨까요?
　 B 식당에 가고 싶지 않아요. 집에서 먹고 싶어요.

3 동사의 중첩

(1)
① 我可以看看这本书吗?	① 제가 이 책을 한번 봐도 될까요?
② 我可以用用这个手机吗?	② 제가 이 핸드폰을 한번 써도 될까요?
③ 我可以尝尝这个橘子吗?	③ 제가 이 귤을 한번 맛봐도 될까요?

(2)
① 你看看, 我的手表怎么样?	① 보세요. 내 손목시계 어때요?
② 你算算, 一共多少钱?	② 계산해 봐요. 모두 얼마예요?
③ 你试试, 这条裤子怎么样?	③ 입어 보세요. 이 바지 어때요?

4 又……又……

① 我同屋又好看又聪明。	① 내 룸메이트는 예쁘고 똑똑하다.
② 那件衬衣价钱又便宜颜色又好看。	② 저 셔츠는 가격도 싸고 색깔도 예쁘다.
③ 颐和园又美丽又广大。	③ 이허위안은 아름답고 면적도 넓다.
④ 小玲的姐姐又漂亮, 人又好。	④ 샤오링의 언니는 예쁘고 인간성도 좋다.
⑤ 我们班同学又喜欢学习, 又喜欢玩儿。	⑤ 우리 반 친구들은 공부도 좋아하고 노는 것도 좋아한다.

5 '一点儿'과 '有一点儿'

(1)
① A 你吃饭吗? B 我吃一点儿。	① A 밥 먹을래요? B 조금만 먹을게요.
② A 你买苹果吗? B 我买一点儿。	② A 사과 사시려고요? B 조금만 살게요.

(2)
① 这个电脑比较贵, 那个电脑便宜一点儿。	① 이 컴퓨터는 비교적 비싸고, 저 컴퓨터는 조금 싸다.
② 这双鞋比较大, 那双鞋小一点儿。	② 이 신발은 비교적 크고, 저 신발은 조금 작다.
③ 这条裤子比较长, 那条裤子短一点儿。	③ 이 바지는 비교적 길고, 저 바지는 조금 짧다.
④ 这个橘子比较甜, 那个橘子酸一点儿。	④ 이 귤은 비교적 달고, 저 귤은 조금 시다.

(1)
① 她有点儿饿。　　① 그녀는 배가 조금 고프다.
② 他有点儿渴。　　② 그는 목이 조금 마르다.
③ 他有点儿忙。　　③ 그는 조금 바쁘다.

(2)
① A 这个房间怎么样?　　① A 이 방은 어떤가요?
　 B 这个房间有点儿乱。　　 B 이 방은 조금 어수선해요.
② A 她丈夫怎么样?　　② A 그녀의 신랑은 어떤가요?
　 B 她丈夫有点儿老。　　 B 그녀의 신랑은 조금 늙었어요.
③ A 这件衬衫怎么样?　　③ A 이 셔츠는 어떤가요?
　 B 这件衬衫有点儿贵。　　 B 이 셔츠는 조금 비싸요.

내공 쌓기

1

① A 我想买个手机，你给我介绍介绍。
　 B 您要多少钱的?
　 A 三千块左右的。
　 B 您看看这个牌子的，怎么样?
　 A 样子很好看，质量也不错吧?
　 B 这个牌子价钱便宜，质量也特别好。
　 A 好，我要这个，有白色的吗?
　 B 当然有啊。

① A 저 핸드폰 사고 싶은데, 소개 좀 해 주세요.
　 B 얼마짜리를 원하시나요?
　 A 3000위안 정도요.
　 B 이 브랜드 거 한번 보세요. 어떠신가요?
　 A 디자인이 예쁘네요. 품질도 괜찮죠?
　 B 이 브랜드는 가격도 저렴하고, 품질도 매우 좋아요.
　 A 좋아요. 이걸로 할게요. 흰색 있나요?
　 B 물론 있죠.

② A 这条裤子，我可以试试吗?
　 B 可以。
　 A 这条有点儿小，有没有大一点儿的?
　 B 有，您再试试这条。
　 A 好，不大也不小，挺合适。

② A 이 바지 입어 봐도 되나요?
　 B 됩니다.
　 A 이건 좀 작은데 좀 큰 사이즈는 없나요?
　 B 있습니다. 이걸로 다시 입어 보세요.
　 A 좋네요. 크지도 작지도 않고 딱 적당해요.

③ A 您要什么?
　 B 我想买书包。这个多少钱?
　 A 八百五。
　 B 太贵了，便宜点儿吧。八百怎么样?
　 A 行。

③ A 어떤 걸 원하시나요?
　 B 책가방을 사고 싶어요. 이건 얼마죠?
　 A 850위안입니다.
　 B 너무 비싸네요. 좀 깎아 주세요. 800위안 어때요?
　 A 좋습니다.

2

① TCL牌电视机，样子又好看，价钱又便宜。	① TCL 브랜드 TV는 디자인도 예쁘고 가격도 싸다.
② 英男的手机，质量又不好，价钱又贵。	② 영남이의 핸드폰은 품질도 별로 안 좋고 가격도 비싸다.
③ 直美的衬衣，样子好看，就是价钱有点儿贵。	③ 나오미의 블라우스는 디자인은 예쁜데 다만 가격이 조금 비싸다.

3

① 这双鞋是在学校旁边的鞋店买的。	① 이 구두는 학교 옆 구두 가게에서 산 것이다.
② 那个鞋店卖的鞋质量又好，样子又漂亮。	② 그 구두 가게에서 파는 구두는 품질도 좋고 디자인도 예쁘다.
③ 这双鞋是五百八。	③ 이 구두는 580위안이다.

> **녹음대본**
>
> 你们看看，这是我的新鞋，我在学校旁边的鞋店买的。这个鞋店卖的鞋质量又好，样子又漂亮。什么？价钱怎么样？价钱有点儿贵。你们说说，这双鞋多少钱？二百八？不对，是五百八。
>
> 봐 봐. 이거 내 새 구두야. 학교 옆 구두 가게에서 산 거야. 이 구두 가게에서 파는 구두는 품질도 좋고 디자인도 예뻐. 뭐? 가격은 어떠냐고? 가격은 조금 비싸. 이 신발 얼마일 것 같아? 280위안? 아니야. 580위안이야.

04

어법 다지기 | 문제로 확인

1 ……, 好吗?

① 今天晚上，<u>咱们去歌厅唱歌，好吗</u>?	① 오늘 저녁에 노래방에 가는 거 어때요?
② 听说那个电影很有意思，<u>周末我们一起去看，好吗</u>?	② 그 영화 정말 재미있다던데, 주말에 우리 같이 보러 가는 거 어때요?
③ A 咱们几点见面? B <u>下午三点，好吗</u>?	③ A 우리 몇 시에 만날까요? B 오후 세 시, 괜찮아요?
④ 太贵了，<u>便宜一点儿，好吗</u>?	④ 너무 비싸요. 싸게 좀 안 될까요?

2 ……是……

① A 这种牌子的空调质量好不好?
B 这种牌子的空调质量好是好，不过样子不太好看。

② A 汉语难吗?
B 汉语难是难，不过很有意思。

③ A 韩国菜好吃不好吃?
B 韩国菜好吃是好吃，不过价钱有点儿贵。

④ A 你想不想买辆自行车?
B 想买是想买，就是没有钱。

① A 이 브랜드 에어컨은 품질이 괜찮나요?
B 이 브랜드 에어컨은 품질이 괜찮기는 한데, 디자인이 별로 안 예뻐요.

② A 중국어는 어려운가요?
B 중국어는 어렵기는 하지만 정말 재미있어요.

③ A 한국 음식은 맛있나요?
B 한국 음식은 맛있기는 하지만 가격이 조금 비싸요.

④ A 자전거를 사고 싶은가요?
B 사고 싶기는 한데, 돈이 없어요.

3 이중목적어 동사술어문

① 老师教我汉字。

② 他告诉我一个秘密。
/ 我告诉他一个秘密。

③ 小雨问姐姐什么问题?
/ 姐姐问小雨什么问题?

④ 莉莉不告诉她保罗的年纪。/ 莉莉不告诉保罗她的年纪。/ 保罗不告诉莉莉她的年纪。/ 保罗不告诉她莉莉的年纪。/ 她不告诉保罗莉莉的年纪。/ 她不告诉莉莉保罗的年纪。

⑤ 售货员找他十二块钱。

⑥ 姐姐给妹妹两本书。
/ 妹妹给姐姐两本书。

① 선생님은 나에게 한자를 가르치신다.

② 그는 나에게 비밀 하나를 알려 주었다.
/ 나는 그에게 비밀 하나를 알려 주었다.

③ 샤오위는 누나에게 무슨 문제를 물어봤나요?
/ 누나는 샤오위에게 무슨 문제를 물어봤나요?

④ 릴리는 그녀에게 폴의 나이를 알려 주지 않았다. / 릴리는 폴에게 그녀의 나이를 알려 주지 않았다. / 폴은 릴리에게 그녀의 나이를 알려 주지 않았다. / 폴은 그녀에게 릴리의 나이를 알려 주지 않았다. / 그녀는 폴에게 릴리의 나이를 알려 주지 않았다. / 그녀는 릴리에게 폴의 나이를 알려 주지 않았다.

⑤ 판매원은 그에게 12위안을 거슬러 주었다.

⑥ 언니는 여동생에게 책 두 권을 주었다.
/ 여동생은 언니에게 책 두 권을 주었다.

내공 쌓기

1

① A 听说那家饭馆的中国菜很好吃，咱们去尝尝，好吗?
B 好啊，什么时候去?
A 今天中午，怎么样?
B 今天中午我有事，明天晚上好吗?
A 好。

② A 这是菜单，请点菜。
B 来一个鱼香肉丝、一个酸辣汤，一个饺子，再来两碗米饭。
A 要什么饮料?
B 来两瓶可乐。
A 请稍等。

③ A 你觉得这个菜好吃吗?
B 好吃是好吃，不过太辣了。

④ A 你喜欢吃什么菜?
B 我最喜欢吃韩国菜，我爱吃辣的。你呢?
A 我呀，咸的、苦的都爱吃，就是不爱吃辣的。

① A 듣자니 저 식당의 중국 음식이 맛있다던데, 우리 먹어 보러 갈래요?
B 좋아요. 언제 갈까요?
A 오늘 점심 어때요?
B 오늘 점심에는 일이 있고, 내일 저녁 어때요?
A 좋아요.

② A 메뉴판 여기 있습니다. 주문하세요.
B 위샹러우쓰 하나, 쏸라탕 하나, 만두(쟈오즈) 하나, 그리고 밥 두 공기 주세요.
A 어떤 음료 드릴까요?
B 콜라 두 병 주세요.
A 잠시만 기다려 주세요.

③ A 이 음식 맛있나요?
B 맛있긴 한데, 너무 매워요.

④ A 어떤 음식 좋아해요?
B 저는 한국 음식을 제일 좋아해요. 매운 것을 좋아하거든요. 당신은요?
A 저는 짠 것, 쓴 것 모두 좋아하는데, 매운 것은 좋아하지 않아요.

2

① A 听说学校附近开了一个韩国餐厅，那儿的菜很好吃，咱们去尝尝，好吗?
B 好啊，什么时候去?
A 现在去吧，怎么样?
B 现在我要去上课，咱们晚上去吧。
A 好!

① A 듣자니 학교 근처에 한국 식당이 새로 개업했는데, 거기 요리가 맛있대. 우리 먹어 보러 갈래?
B 좋아. 언제 갈까?
A 지금 가자. 어때?
B 지금은 나 수업 들어가야 하니까 우리 저녁에 가자.
A 좋아!

모범답안 & 녹음대본

❷ A 这是菜单，请点菜。
B 来一个鱼香肉丝，一个宫保鸡丁，一个麻辣烫，两碗米饭。
A 要什么饮料？
B 来两瓶啤酒，一听可乐。
A 请稍等。

❸ A 你觉得韩国菜好吃吗？
B 好吃是好吃，不过太辣。
A 你喜欢吃什么菜？
B 我喜欢吃中国菜。我喜欢吃油腻的，你呢？
A 我甜的，咸的都喜欢吃，就是不喜欢吃油腻的。

❷ A 메뉴판 여기 있습니다. 주문하세요.
B 위샹러우쓰 하나, 꿍바오지딩 하나, 마라탕 하나, 밥 두 공기 주세요.
A 어떤 음료 드릴까요?
B 맥주 두 병, 콜라 한 캔 주세요.
A 잠시만 기다려 주세요.

❸ A 한국 음식 맛있나요?
B 맛있긴 한데, 너무 매워요.
A 어떤 음식 좋아해요?
B 중국 음식을 제일 좋아해요. 기름진 것을 좋아하거든요. 당신은요?
A 저는 단 것, 짠 것 모두 좋아하는데 기름진 것은 좋아하지 않아요.

3 　小雨的宿舍有四个人，小张、小王、小李和小雨。今天下班后，小雨要请客。小张说：" 我们去吃韩国菜，好吗？" 小李说：" 韩国菜好吃是好吃，不过太辣。" 最后，他们跟小雨一起去吃上海菜了。

　샤오위의 기숙사에는 샤오장, 샤오왕, 샤오리 그리고 샤오위 네 사람이 있습니다. 오늘 퇴근 후에 샤오위는 한턱내려고 합니다. 샤오장이 "우리 한국 음식 먹으러 갈래요?"라고 말했습니다. 샤오리가 "한국 음식은 맛있긴 한데 너무 매워요."라고 말했습니다. 결국 그들은 샤오위와 함께 상하이 음식을 먹으러 갔습니다.

4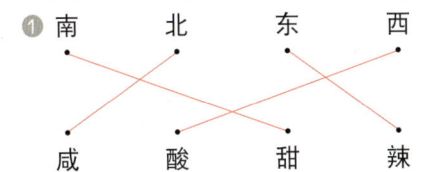

❷ 他的中国朋友是南方人，可他不喜欢吃甜的。
그의 중국 친구는 남방 사람이지만, 단 것을 좋아하지 않는다.

> **녹음대본**
> 　中国菜的特点是南甜北咸，东辣西酸。就是说南方人喜欢吃甜的，北方人喜欢吃咸的。不过，我认识一个中国朋友，是个南方人，他呀，酸的、辣的、咸的都喜欢吃，就是不喜欢吃甜的。

　중국 음식의 특징은 남쪽은 달고, 북쪽은 짜고, 동쪽은 맵고, 서쪽은 신 것입니다. 그래서 남방 사람들은 단 것을 좋아하고, 북방 사람들은 짠 것을 좋아한다고 말합니다. 그런데, 제가 아는 중국 친구 한 명은 남방 사람인데, 신 것, 매운 것, 짠 것 모두 좋아하지만 단 것은 좋아하지 않습니다.

05

어법 다지기 | 문제로 확인

1 의문부사 '多'를 이용한 의문문

① 小雨今年23岁。
   → 小雨今年多大了?

② 从这儿到颐和园有15公里。
   → 从这儿到颐和园有多远?

③ 那条路长500米，宽20米。
   → 那条路有多长，多宽?

④ 这五个苹果重3斤。
   → 这五个苹果有多重?

① 샤오위는 올해 23세예요.
   → 샤오위는 올해 몇 살인가요?

② 여기에서 이허위안까지는 15km예요.
   → 여기에서 이허위안까지는 얼마나 걸리나요?

③ 그 길은 500m 정도 길이고, 20m 정도 넓이예요.
   → 그 길은 얼마나 길고 넓나요?

④ 이 사과 다섯 개는 세 근이에요.
   → 이 사과 다섯 개는 얼마나 무겁나요?

2 어림수(概数)

① A 你的宿舍离教室有多远?
   B 三四百米。

② A 你们学校有多少留学生?
   B 八百多个。

③ A 你旁边的同学有多高?
   B 一米八(左右)。

④ A 你认识多少个汉字?
   B 六七百个。

⑤ A 你们学校附近有几个饭馆?
   B 二十多个。

① A 기숙사에서 교실까지는 얼마나 먼가요?
   B 300~400m요.

② A 당신 학교에는 유학생이 얼마나 있나요?
   B 800여 명이요.

③ A 옆자리 학생은 키가 얼마나 되나요?
   B 180cm (정도)요.

④ A 한자를 몇 개 정도 아나요?
   B 600~700개요.

⑤ A 학교 근처에 식당이 몇 개 있나요?
   B 20여 개요.

① 三杯牛奶十四块五。
   → 三杯牛奶十四块多。

② 现在两点二十六分。
   → 现在两点二十多分。

① 우유 세 잔은 14.5위안이에요.
   → 우유 세 잔은 14여 위안이에요.

② 지금은 2시 26분이에요.
   → 지금은 2시 20여 분이에요.

모범답안 & 녹음대본

③ 这个班有十四个学生。
→ 这个班有十多个学生。

④ 一年有三百六十五天。
→ 一年有三百六十多天。

⑤ 这辆自行车四百八十八块。
→ 这辆自行车四百八十多块。

③ 이 반에는 14명의 학생이 있어요.
→ 이 반에는 10여 명의 학생이 있어요.

④ 1년은 365일이에요.
→ 1년은 360여 일이에요.

⑤ 이 자전거는 488위안이에요.
→ 이 자전거는 480여 위안이에요.

③ 还是……吧

① A 今天吃饺子还是吃面条?
B 面条不好吃，还是吃饺子吧。

② A 咱们坐出租车去还是坐公共汽车去?
B 坐出租车太贵了，还是坐公共汽车吧。

③ A 明天是莉莉的生日，送她什么礼物好呢?
B 还是送花吧。

④ A 你要哪种颜色的?
B 蓝的不太好看，还是要黄的吧。

① A 오늘 만두(쟈오즈)를 먹을까요, 국수를 먹을까요?
B 국수는 맛이 없어요. 만두(쟈오즈)를 먹는 것이 낫겠어요.

② A 우리 택시를 타고 갈까요, 버스를 타고 갈까요?
B 택시는 너무 비싸요. 버스를 타는 것이 낫겠어요.

③ A 내일 릴리 생일인데 무슨 선물을 주는 것이 좋을까요?
B 꽃을 선물하는 것이 낫겠어요.

④ A 어떤 색으로 할래?
B 파란색은 별로 안 예뻐요. 노란색으로 하는 것이 낫겠어요.

내공 쌓기

1

① A 去书店怎么走?
B 一直往前走，到十字路口往左拐，一直走，过下一个十字路口再往前走一点儿，路西有书店。
A 离这儿多远?
B 三百多米。

① A 서점에 가려면 어떻게 가야 하죠?
B 앞쪽으로 쭉 간 다음 사거리에서 왼쪽으로 꺾으세요. 쭉 가다가 다음 사거리를 지나서 다시 앞으로 좀 가면 길 서쪽에 서점이 있어요.
A 여기에서 얼마나 멀죠?
B 300여 m 정도 돼요.

❷ 莉莉　去颐和园应该走哪条路？
小叶　两条路都可以。
莉莉　哪条路好走？
小叶　当然大路好走，不过比较远。小路近一点儿，但是路上人多，车也多，比较乱。
莉莉　我骑车技术不高，时间也不急，还是走大路吧。

❷ 릴리　이허위안에 가려면 어떤 길로 가야 하지？
샤오예　두 길 모두 갈 수 있어.
릴리　어떤 길이 가기 좋지？
샤오예　당연히 큰길이 가기 좋지. 그런데 좀 멀어. 작은 길은 좀 가깝긴 한데, 길에 사람이 많고 차도 많고 좀 복잡해.
릴리　내 자전거 운전 실력이 별로 좋지 않고 시간도 급하지 않으니 큰길로 가는 편이 낫겠다.

2

(1) 从学校到秀水东街，先坐375路到西直门，然后换地铁到建国门，再换1路坐十多分钟就到秀水东街。

학교에서 시우수이둥제에 가려면 우선 375번 버스를 타고 시즈먼에서 지하철로 갈아탄 후 젠궈먼에서 다시 1번 버스를 타고 10여 분 정도 가면 시우수이둥제에 도착합니다.

(2) A　从青岛到大连怎么走？
B　坐船或者坐飞机都可以。
A　那我们坐飞机吧，又快又舒服。
B　坐飞机好是好，可是太贵了。还是坐船吧。

A　칭다오에서 다롄까지 어떻게 가죠？
B　배를 타거나 비행기를 탈 수 있어요.
A　그럼 우리 비행기 타요. 빠르고 편하잖아요.
B　비행기를 타는 것이 좋긴 한데 너무 비싸요. 배를 타는 것이 낫겠어요.

3

❶

王老师家

❷ 녹음대본

从南门一直往北走，在十字路口往左拐，再往前走四十多米，然后往左拐一直走，路西的两个宿舍楼中南边的那个楼里。

남문에서 북쪽으로 쭉 간 다음 사거리에서 왼쪽으로 꺾으세요. 다시 앞으로 40여 m 간 다음 왼쪽으로 꺾어서 쭉 가면, 길 서쪽 두 개의 기숙사 중 남쪽에 있는 그 동에 있어요.

복습 1

Tīngtīng 듣기

1 (1) ✗　　(2) ○　　(3) ✗

> 녹음대본
>
> 办公楼在教学楼北边，图书馆在办公楼西边，留学生宿舍楼在图书馆南边。
>
> 사무동은 강의동 북쪽에 있고, 도서관은 사무동 서쪽, 유학생 기숙사는 도서관 남쪽에 있습니다.

2
(1) 五瓶青岛啤酒和两听可乐	(1) 칭다오 맥주 5병과 콜라 2캔
(2) 二十九块四	(2) 29.4위안
(3) 二十块六毛	(3) 20.6위안

> 녹음대본
>
> A 有青岛啤酒吗?
> B 有，要几瓶?
> A 要五瓶，再要两听可乐。一共多少钱?
> B 二十九块四。
> A 给你钱。
> B 您这是五十块，找您二十块六毛，请数一下儿。
>
> A 칭다오 맥주 있나요?
> B 있습니다. 몇 병 드릴까요?
> A 다섯 병이요. 콜라 두 캔도 주세요. 모두 얼마죠?
> B 29.4위안입니다.
> A 여기 있어요.
> B 50위안 주셨으니까, 20.6위안 거슬러 드릴게요. 세어 보세요.

3

> 녹음대본
>
> 一直往前走，到十字路口往左拐，一直走，过下一个十字路口再往前走，路东就有公共汽车站。
>
> 앞쪽으로 쭉 간 다음 사거리에서 왼쪽으로 꺾어요. 쭉 가다가 다음 사거리를 지나서 다시 앞쪽으로 가면 길 동쪽에 버스정류장이 있어요.

Dúdu 읽기

1
(1) 桌子上边有一本书、一个圆珠笔，还有一块巧克力。	(1) 책상 위에는 책 한 권, 볼펜 하나가 있고, 초콜릿 하나도 있다.
(2) 桌子下边是莉莉的书包。	(2) 책상 밑에 있는 것은 릴리의 책가방이다.
(3) 抽屉里有一张莉莉男朋友的照片。	(3) 서랍에는 릴리 남자친구의 사진 한 장이 있다.

2 (1) ○　　(2) ×　　(3) ○

Shuōshuo 말하기

1
我家附近有很多商店和饭馆，东边还有一个图书馆。图书馆对面是医院，医院旁边有银行。	우리 집 근처에는 상점과 음식점이 많고, 동쪽에는 도서관도 있다. 도서관 맞은편은 병원이고, 병원 옆에는 은행이 있다.

2
我喜欢中国菜，尤其(yóuqí)爱吃四川菜。因为我喜欢吃辣的。我最喜欢的菜是麻辣香锅(málàxiāngguō)。	나는 중국 음식을 좋아하는데, 특히 쓰촨요리 먹는 것을 좋아한다. 왜냐하면 나는 매운 것을 좋아하기 때문이다. 내가 가장 좋아하는 요리는 마라샹궈이다.

3
A 去银行怎么走?	A 은행에 어떻게 가죠?
B 一直往前走，到十字路口往右拐，再过下一个十字路口往前走一点儿，左边有银行。	B 앞쪽으로 쭉 가다가 사거리에서 오른쪽으로 꺾고, 다시 다음 사거리를 지나서 앞으로 좀 가면 왼쪽에 은행이 있어요.

Xiěxie 쓰기

1
(1) 有别的颜色的吗?	(1) 다른 색도 있나요?
(2) 您有零钱吗?	(2) 잔돈 있으신가요?
(3) 要红的还是蓝的?	(3) 빨간색을 드릴까요, 파란색을 드릴까요?
(4) 这双不大也不小，挺合适。	(4) 이 신발이 크지도 않고 작지도 않고, 아주 딱 맞네요.

2 (1) 保罗在西蒙和英男后边。 폴은 사이먼과 영남이 뒤쪽에 있다.
(2) 西红柿怎么卖? 토마토는 어떻게 파나요?
(3) 我来付钱，今天我请客。 내가 계산할게요. 오늘은 내가 한턱냅니다.
(4) 离这儿多远? 여기에서 얼마나 먼가요?

3 (1) 모두 얼마죠? → 一共多少钱?
(2) 너무 비싸네요. 좀 깎아 주세요. → 太贵了，便宜一点儿吧。
(3) 맛있기는 한데, 기름기가 너무 많아요. → 好吃是好吃，不过油太多。
(4) 비행기를 타요. 빠르고 편하잖아요. → 坐飞机吧，又快又舒服。

06

어법 다지기 | 문제로 확인

1 동작의 진행

(1)
① A 他正在做什么呢?	① A 그는 무엇을 하고 있나요?
B 他正在听音乐呢。	B 그는 지금 음악을 듣고 있어요.
② A 她正在做什么呢?	② A 그녀는 무엇을 하고 있나요?
B 她正在看电视呢。	B 그녀는 지금 텔레비전을 보고 있어요.
③ A 他正在做什么呢?	③ A 그는 무엇을 하고 있나요?
B 他正在唱歌呢。	B 그는 지금 노래를 하고 있어요.

(2)
① 刚才我去教室的时候，外边正在下雨呢。	① 방금 내가 교실에 갔을 때 밖에 비가 내리고 있었다.
② 刚才我打电话的时候，他正在写信呢。	② 방금 내가 전화를 했을 때 그는 편지를 쓰고 있었다.
③ 刚才他到的时候，她正在等他呢。	③ 방금 그가 도착했을 때 그녀는 그를 기다리고 있었다.

(3)
① 这家商店最近在打折呢。	① 이 상점은 요즘 할인을 하고 있다.
② A公司最近在招聘呢。	② A회사는 최근 직원을 채용하고 있다.
③ 她最近在学习呢。	③ 그녀는 요즘 공부를 하고 있다.

(4)
① A 明天的这个时候，他可能在做什么呢？
B 他可能在吃饭呢。

② A 后天的这个时候，他可能在做什么呢？
B 他可能在看电视呢。

③ A 下星期一的这个时候，她可能在做什么呢？
B 她可能在睡觉呢。

① A 내일 이맘때쯤 그는 무엇을 하고 있을까요?
B 그는 아마 밥을 먹고 있을 거예요.

② A 모레 이맘때쯤 그는 무엇을 하고 있을까요?
B 그는 아마 텔레비전을 보고 있을 거예요.

③ A 다음 주 월요일 이맘때쯤 그녀는 무엇을 하고 있을까요?
B 그녀는 아마 잠을 자고 있을 거예요.

❷ 有的……有的……

① 这个鞋店很大，有的鞋很贵，有的鞋很便宜。

② 下课以后，有的同学去食堂，有的同学回宿舍。

③ 这是小雨买的苹果，有的比较大，有的比较小。

④ 邮局里有不少人，有的在寄信，有的在买邮票。

① 이 신발 가게는 매우 큰데, 어떤 신발은 비싸고 어떤 신발은 싸다.

② 방과 후에 어떤 학생은 식당에 가고, 어떤 학생은 기숙사로 돌아간다.

③ 이것은 샤오위가 산 사과인데, 어떤 것은 비교적 크고 어떤 것은 비교적 작다.

④ 우체국 안에는 사람이 많은데, 어떤 사람은 편지를 부치고, 어떤 사람은 우표를 산다.

❸ 一边……一边……

① 他们一边看电视一边吃饭。

② 他一边走路一边打电话。

③ 她一边看书一边听音乐。

① 그들은 텔레비전을 보면서 밥을 먹고 있다.

② 그는 길을 걸으면서 통화를 하고 있다.

③ 그녀는 책을 보면서 음악을 듣고 있다.

내공 쌓기

1

① 小叶　莉莉，你在做什么呢？
　　莉莉　我在给男朋友写信呢。
　　小叶　他现在在哪儿？
　　莉莉　他现在在巴黎，他在大学学习，明年毕业。
　　小叶　明年的这个时候，你们可能在做什么呢？
　　莉莉　我可能在跟男朋友一起去上海旅行呢。
　　小叶　听说学校附近的一家商店正在打折，我们一起去看看，怎么样？
　　莉莉　今天晚上去吧，现在外边正在下大雨呢。

② 小雨　英男，好久不见。你在做什么呢？
　　英男　我在等我的女朋友呢。
　　小雨　她在哪里上学？
　　英男　她也在北京学汉语。你最近怎么样？
　　小雨　有点儿忙，我正在找工作。
　　英男　是吗？希望你一切顺利。最近保罗怎么样？
　　小雨　他也很忙。听说他的爱人和孩子下星期来北京，他正在找房子呢。
　　英男　我们现在都很忙啊。

① 샤오예　릴리야, 뭐 하고 있어?
　　릴리　남자친구에게 편지 쓰고 있어.
　　샤오예　남자친구 지금 어디에 있는데?
　　릴리　지금 파리에 있고, 대학에서 공부하고 있어. 내년에 졸업해.
　　샤오예　내년 이맘때쯤 너희는 뭘 하고 있을 것 같아?
　　릴리　아마 남자친구랑 같이 상하이에 여행 갈 것 같아.
　　샤오예　듣자니 학교 근처 상점에서 할인 중이라던데 우리 같이 가 보자. 어때?
　　릴리　오늘 저녁에 가자. 지금 밖에 비 많이 와.

② 샤오위　영남아, 오랜만이다. 뭐 하고 있어?
　　영남　여자친구 기다리고 있어.
　　샤오위　여자친구는 어디에서 학교 다녀?
　　영남　여자친구도 베이징에서 중국어 공부해. 너 요즘 어때?
　　샤오위　조금 바빠. 구직하고 있거든.
　　영남　그래? 잘됐으면 좋겠다. 요즘 폴은 어때?
　　샤오위　폴도 바빠. 아내랑 아이가 다음 주에 베이징에 올 거라서, 방을 구하고 있다고 들었어.
　　영남　우리 요즘 모두 바쁘네.

2

　　保罗是德国一家汽车公司的职员。他正在北京语言大学学习汉语。保罗班的同学们都很努力学习。有的同学是韩国人，有的同学是美国人。晚上他在宿舍一边喝咖啡一边学习。明年的这个时候，他可能回到汽车公司工作了。

　　폴은 독일의 한 자동차 회사 직원이다. 그는 베이징어언대학에서 중국어를 공부하고 있다. 폴네 반 학생들은 모두 열심히 공부하는데, 어떤 학생은 한국인이고, 어떤 학생은 미국인이다. 저녁에 그는 기숙사에서 커피를 마시면서 공부를 한다. 내년 이맘때쯤 그는 아마 자동차 회사로 돌아가서 일을 하고 있을 것이다.

3 | 现在是休息时间，有的同学擦黑板，有的同学跟老师说话，有的同学在睡觉，还有有的同学在看书呢。 | 지금은 쉬는 시간이다. 어떤 학생은 칠판을 지우고 있고, 어떤 학생은 선생님과 이야기하고 있고, 어떤 학생은 잠을 자고 있으며, 또 어떤 학생은 책을 보고 있다.

4 **녹음대본**

王先生的爱人问王先生："你在找什么呢？" 王先生回答："我在找我的汽车钥匙呢。" 王先生的爱人一边帮王先生找一边说："你不应该说'我在找我的汽车钥匙呢'，你应该说'我在找我们的汽车钥匙呢'。结婚以后，应该只说'我们的'，不应该说'我的'。" 晚上王先生正在刮胡子，王先生的爱人问王先生："你做什么呢？" 王先生回答："亲爱的，我在刮我们的胡子呢！"

왕 선생의 부인이 물었다. "당신 뭘 찾고 있어요?" 왕 선생이 답했다. "내 자동차 열쇠를 찾고 있어요." 왕 선생의 부인은 왕 선생을 도와 열쇠를 찾으며 말했다. "당신 '내 자동차 열쇠를 찾고 있어요.'가 아니라 '우리 자동차 열쇠를 찾고 있어요.'라고 말해야죠. 결혼 후에는 '우리'라고 해야지 '나의'라고 말하면 안 돼요." 저녁에 왕 선생은 수염을 깎고 있었고, 왕 선생의 부인이 왕 선생에게 물었다. "당신 뭐 하고 있어요?" 왕 선생은 답했다. "여보, 나는 지금 우리 수염을 깎고 있어요!"

07

어법 다지기 | 문제로 확인

1 동태조사 '了'

① A 直美买什么了?
   B 她买西红柿了。
   A 她买了几斤西红柿?
   B 她买了三斤西红柿。

② A 莉莉刚才做什么了?
   B 莉莉刚才洗衣服了。
   A 她洗了几件衣服?
   B 她洗了三件衣服。

③ A 英男买花了没有?
   B 他买花了。
   A 他买了几枝?
   B 他买了一枝。

① A 나오미는 무엇을 샀나요?
   B 그녀는 토마토를 샀어요.
   A 그녀는 토마토 몇 근을 샀나요?
   B 토마토 세 근을 샀어요.

② A 릴리는 방금 무엇을 했나요?
   B 릴리는 방금 옷을 빨았어요.
   A 그녀는 옷 몇 벌을 빨았나요?
   B 옷 세 벌을 빨았어요.

③ A 영남은 꽃을 샀나요?
   B 그는 꽃을 샀어요.
   A 그는 꽃 몇 송이를 샀나요?
   B 꽃 한 송이를 샀어요.

모범답안 & 녹음대본

④ A 她们点菜了吗?
B 她们已经点菜了。
A 她们点了几个菜?
B 她们点了两个菜。

④ A 그녀들은 주문을 했나요?
B 그녀들은 이미 주문했어요.
A 몇 가지 음식을 주문했나요?
B 두 가지 음식을 주문했어요.

❷ ……了……就……

① 我到了北京就给他联系。
② 我洗了澡就睡觉。
③ 丽丽来了我们就出发。
④ 我下了班就去吃饭。

① 나는 베이징에 도착하면 바로 그에게 연락할 것이다.
② 나는 샤워를 한 후 바로 잠을 잔다.
③ 릴리만 오면 우리 바로 출발해요.
④ 나는 퇴근하면 바로 밥을 먹으러 간다.

내공 쌓기

1

保罗 周末你做什么了?
英男 我跟朋友们一起去歌厅唱歌了。
保罗 你唱了什么歌?
英男 我唱了三四支最近流行的韩国歌，还唱了一支好听的中国歌。
保罗 下周末你做什么?
英男 听说北京饭店旁边新开了一家歌厅，我们打算下星期去那儿玩儿玩儿。周末你做什么了?
保罗 我们一家人去颐和园玩儿，颐和园的风景美极了。
英男 参观完颐和园你们去哪儿了?
保罗 我们去饺子馆吃午饭了。
英男 怎么样? 那儿的饺子好吃吗?
保罗 非常好吃。爱莉斯觉得饺子很好吃，她吃了十多个。
英男 还做什么了?
保罗 然后我们还逛了两个商店，珍妮买了很多东西。
英男 逛完后呢?
保罗 买了东西我们就回饭店了。我们累极了。

폴 주말에 뭐 했어?
영남 친구들이랑 노래방에 가서 노래를 불렀어.
폴 무슨 노래 불렀어?
영남 최근 유행하는 한국 노래 3~4곡이랑, 듣기 좋은 중국 노래도 한 곡 불렀어.
폴 다음 주말에는 뭐 할 거야?
영남 베이징 호텔 옆에 노래방이 하나 생겼대서 다음 주에는 거기 가서 놀려고. 너는 주말에 뭐 했어?
폴 우리 가족은 이허위안에 가서 놀았어. 이허위안 풍경 정말 아름답더라.
영남 이허위안을 다 둘러보고는 어디 갔었어?
폴 만두(쟈오즈) 가게 가서 점심을 먹었어.
영남 어땠어? 그 집 만두(쟈오즈) 맛있었어?
폴 정말 맛있었어. 앨리스가 만두(쟈오즈)를 맛있어 하더라고. 10개도 넘게 먹었어.
영남 그리고 뭐 했어?
폴 그러고 나서 우리는 상점 두 군데에 쇼핑하러 갔는데, 제니가 물건을 많이 샀어.
영남 쇼핑 후에는?
폴 물건을 사고는 호텔로 돌아갔어. 정말 피곤하더라.

195

2

早晨七点直美吃早饭，上午八点在图书馆学习，中午十一点半在食堂吃午饭，下午五点回家洗衣服，晚上九点看电视，十一点洗了澡就睡觉。

새벽 7시에 나오미는 아침을 먹는다. 오전 8시에 도서관에서 공부를 하고, 정오 11시 반에 식당에서 점심을 먹는다. 오후 5시에 집에 돌아와서 빨래를 하고 저녁 9시에 텔레비전을 본다. 11시에는 샤워를 한 후 바로 잠을 잔다.

3

❶ 直美和莉莉买了三斤橘子，两斤苹果，一个大蛋糕和很多花。

❶ 나오미와 릴리는 귤 세 근, 사과 두 근, 큰 케이크 하나 그리고 꽃을 샀다.

❷ 녹음대본

今天是丹尼尔的生日，朋友们打算给他开一个生日晚会。直美和莉莉下了课就去买东西。她们先去市场买了三斤橘子、两斤苹果，然后去商店买了一个大蛋糕。最后，她们在学校旁边的花店买了很多花。她们没买饮料。饮料英男已经买了。

오늘은 다니엘의 생일이다. 친구들은 그에게 생일 파티를 열어 주려고 한다. 나오미와 릴리는 수업이 끝나고 물건을 사러 갔다. 그녀들은 우선 시장에 가서 귤 세 근, 사과 두 근을 샀고, 그런 후 상점에 가서 큰 케이크 하나를 샀다. 마지막으로 그녀들은 학교 옆 꽃집에 가서 꽃도 샀다. 그녀들은 음료수를 사지 않았는데, 음료수는 영남이 이미 샀기 때문이다.

08

어법 다지기 | 문제로 확인

1 어기조사 '了'

(1)
❶ 冬天了，天气冷了。
❷ 春天了，天气暖和了。
❸ 夏天了，天气热了。

❶ 겨울이 되자 날씨가 추워졌다.
❷ 봄이 되자 날씨가 따뜻해졌다.
❸ 여름이 되자 날씨가 더워졌다.

(2)
❶ 天晴了。
❷ 天下雨了。
❸ 天刮风了。

❶ 날씨가 맑아졌다.
❷ 비가 온다.
❸ 바람이 분다.

(3)
❶ 七点半了，该上学了。
❷ 八点了，该吃晚饭了。
❸ 十一点了，该睡觉了。

❶ 7시 반이에요. 학교 가야 해요.
❷ 8시야. 저녁 먹어야 해.
❸ 11시야. 자야지.

(4)
① 小元现在是医生了。 — ① 샤오위안은 이제 의사가 되었다.
② 小红现在是老师了。 — ② 샤오홍은 이제 선생님이 되었다.
③ 小冬现在是导游了。 — ③ 샤오둥은 이제 여행 가이드가 되었다.
④ 小夏现在是记者了。 — ④ 샤오샤는 이제 기자가 되었다.

(5)
① 他饱了。 — ① 그는 배가 부르다.
② 花开了。 — ② 꽃이 피었다.
③ 衣服便宜了。 — ③ 옷이 싸졌다.
④ 咖啡凉了。 — ④ 커피가 식었다.

2 要……了

① 现在7:55，8:00上课。 — ① 지금은 7시 55분인데, 8시에는 학교를 가야 한다.
→ 现在要上课了。 — → 지금 학교를 가야 한다.

② 小雨的姐姐下个月结婚。 — ② 샤오위의 누나는 다음 달에 결혼한다.
→ 小雨的姐姐下个月就要结婚了。 — → 샤오위의 누나는 다음 달에 곧 결혼한다.

③ 现在4:00，银行4:30关门。 — ③ 지금은 4시인데, 은행은 4시 30분에 문을 닫는다.
→ 银行快关门了。 — → 은행은 곧 문을 닫는다.

④ 保罗的爱人和孩子大后天回国。 — ④ 폴의 부인과 아이는 글피에 귀국한다.
→ 保罗的爱人和孩子就要回国了。 — → 폴의 부인과 아이는 곧 귀국한다.

⑤ 火车两分钟以后开。 — ⑤ 기차는 2분 후에 출발한다.
→ 火车快要开了。 — → 기차는 곧 출발한다.

3 조동사 '能' '可以'

① A 今天下午你可以陪我去逛商店吗? — ① A 오늘 오후에 나랑 쇼핑하러 가줄 수 있어요?
B 今天下午我有事，不能陪你去逛商店。 — B 오늘 오후에는 내가 일이 있어서 쇼핑하러 갈 수 없어요.

② A 现在汽车可以往前走吗? — ② A 지금 차는 앞으로 갈 수 있나요?
B 现在汽车不能往前走。 — B 차는 앞으로 갈 수 없어요.

| ❸ A 妈妈，我可以不去上课吗? | ❸ A 엄마 저 학교 안 가면 안 되나요? |
| B 你不可以不去上课。 | B 학교 안 가면 안돼. |

🟢 내공 쌓기

1 (1)

| 春天了，天气暖和了，山上美丽的花都开了，树上的叶子都绿了。 | 봄이 되자 날씨가 따뜻해졌다. 산에는 예쁜 꽃이 피었고, 나뭇잎은 초록색으로 물들었다. |

(2)

| 我妹妹现在是医生了，她工作特别忙，看书的时间少了，也不能睡懒觉了。 | 내 여동생은 의사인데, 일이 너무 바빠서 책을 볼 시간도 적어졌고, 늦잠을 잘 수도 없어졌다. |

2

英男 你的病好点了没有?	영남 병 난 건 좀 괜찮아졌어?
小雨 现在快好了，下星期就能上班了。你们最近怎么样? 忙不忙?	샤오위 많이 좋아졌어. 다음 주면 출근할 수 있을 것 같아. 너희 요즘 어때? 바빠?
英男 我们最近特别忙，后天就要考试了。	영남 우리 요즘 엄청 바빠. 모레 바로 시험이 있거든.
保罗 我们正在认真复习呢。希望你保重身体!	폴 우리 열심히 복습하고 있어. 건강 조심해!

3 녹음대본

| 两年以前，我朋友的女儿看上去还很小。现在她七岁了，个子高了，头发长了，更聪明了，也更可爱了。她告诉我，她已经是小学生了。 | 2년 전 내 친구의 딸은 매우 어려 보였다. 지금은 7살이 되어서 키도 컸고 머리도 길었고 더 똑똑해졌으며 더 귀여워졌다. 그녀는 내게 자신이 벌써 초등학생이 되었다고 알려 줬다. |

09

🟥 어법 다지기 | 문제로 확인

1 조동사 '会'

| A 你会游泳吗? | A 수영을 할 줄 아나요? |
| B 会一点儿。 | B 조금 할 줄 알아요. |

A 你会踢足球吗?
B 不会。

A 你会打网球吗?
B 会一点儿。

A 你会打篮球吗?
B 不会。

A 你会做菜吗?
B 会一点儿。

A 你会骑车吗?
B 不会。

A 你会打字吗?
B 会一点儿。

A 축구를 할 줄 아나요?
B 할 줄 몰라요.

A 테니스를 칠 줄 아나요?
B 조금 칠 줄 알아요.

A 농구를 할 줄 아나요?
B 할 줄 몰라요.

A 요리를 할 줄 아나요?
B 조금 할 줄 알아요.

A 자전거를 탈 줄 아나요?
B 탈 줄 몰라요.

A 타자를 칠 줄 아나요?
B 조금 칠 줄 알아요.

❶ A 英男会说汉语吗?
B 他会说汉语。
A 现在他能用汉语跟中国人聊天儿吗?
B 他能用汉语跟中国人聊天儿。

❷ A 她会不会游泳?
B 她会游泳。
A 她能游多少米?
B 她能游500米。

❸ A 她会不会打字?
B 她会打字。
A 她一分钟能打多少字?
B 她能打四百字。

❹ A 这位先生会抽烟吗?
B 他会抽烟。
A 在电影院里能不能抽烟?
B 在电影院里不能抽烟。

❺ A 你会游泳吗?
B 我会游泳。
A 这儿可以游泳吗?
B 这儿不可以游泳。

❶ A 영남은 중국어를 할 줄 아나요?
B 그는 중국어를 할 줄 알아요.
A 지금 그는 중국인과 중국어로 이야기할 수 있나요?
B 그는 중국인과 중국어로 이야기할 수 있어요.

❷ A 그녀는 수영을 할 줄 아나요?
B 그녀는 수영할 줄 알아요.
A 몇 m 정도나 헤엄칠 수 있나요?
B 500m 헤엄칠 수 있어요.

❸ A 그녀는 타자를 칠 수 있나요?
B 그녀는 타자를 칠 수 있어요.
A 그녀는 1분에 몇 자를 칠 수 있나요?
B 그녀는 400자를 칠 수 있어요.

❹ A 이 선생님은 담배를 피우시나요?
B 그는 담배를 피워요.
A 영화관 내에서는 담배를 피울 수 있나요?
B 영화관 내에서는 담배를 피울 수 없습니다.

❺ A 당신 수영할 줄 아나요?
B 수영할 줄 알아요.
A 여기에서 수영할 수 있나요?
B 여기에서는 수영할 수 없어요.

- ① A 今天会下雨吗?
  B 今天不会下雨。
- ② A 这件礼物你女儿会不会喜欢?
  B 我女儿会特别喜欢的。
- ③ A 你估计这场比赛哪个队会赢?
  B 我估计清华队会赢。
- ④ A 以后我们还会见面吗?
  B 我们当然还会见面。

① A 오늘 비가 올까요?
B 오늘은 비가 안 올 거예요.
② A 이 선물 당신 딸이 좋아할까요?
B 우리 딸이 아주 좋아할 거예요.
③ A 이 게임에서 어느 팀이 이길 것 같아요?
B 내가 볼 땐 칭화 팀이 이길 것 같아요.
④ A 나중에 우리 다시 만날 수 있겠죠?
B 당연히 다시 만날 수 있죠.

2 조동사 '得(děi)'

- ① 要考试了, 得努力学习。
- ② 外边下雨了, 得带雨伞。
- ③ 这孩子病了, 得去医院。
- ④ 那儿离这儿比较远, 得坐飞机去。

① 곧 시험이니 열심히 공부해야 한다.
② 밖에 비가 오니 우산을 챙겨야 한다.
③ 이 아이는 병이 났으니 병원에 가야 한다.
④ 그곳은 여기에서 좀 머니 비행기를 타고 가야 한다.

3 정도보어

- ① 5号打篮球打得很棒。
- ② 爷爷睡得很早, 小雨睡得很晚。
- ③ 孩子们玩儿得很高兴。
- ④ 他骑车骑得很好。

① 5번 선수는 농구를 매우 잘한다.
② 할아버지는 일찍 주무시고, 샤오위는 늦게 잔다.
③ 아이들은 매우 즐겁게 논다.
④ 그는 자전거를 매우 잘 탄다.

🔷 내공 쌓기

1
A 你喜欢什么运动?
B 我爱打网球。你会打网球吗?
A 会一点儿。我打得不太好, 不过很喜欢打。
B 那这个周末我们一起打吧!

A 어떤 운동을 좋아하나요?
B 테니스 치는 걸 좋아해요. 테니스 칠 줄 아세요?
A 조금요. 잘 치지는 못하는데, 치는 걸 좋아해요.
B 그럼 이번 주말에 우리 함께 쳐요.

2 (1) 英男**会**唱中国歌，他唱歌**唱得**非常好，他**要**参加演唱大赛，我想他**一定会**得到冠军。我真羡慕他。

영남이는 중국 노래를 할 줄 알고, 매우 잘 부른다. 그는 노래 대회에 참가하려고 하는데, 나는 그가 반드시 우승을 할 거라고 생각한다. 그가 정말 부럽다.

(2) 莉莉**会**做菜，她**要**做菜请朋友们吃。朋友们吃完后都说她菜**做得**特别棒。我真羡慕她。

릴리는 요리를 할 줄 알아서, 친구들에게 요리를 대접하려고 한다. 친구들은 다 먹은 후 모두 그녀의 요리가 매우 훌륭하다고 말했다. 나는 그녀가 정말 부럽다.

3
❶ 我以前不会游泳。 (O) — 나는 예전에 수영을 할 줄 몰랐다.
❷ 从下星期开始，我朋友教我游泳。 (×) — 다음 주부터 내 친구가 수영을 가르쳐 주기로 했다.
❸ 我觉得游泳太累，没有意思。 (×) — 나는 수영이 너무 힘들고 재미없다.
❹ 现在我还不会游泳。 (×) — 지금도 나는 수영을 할 줄 모른다.
❺ 昨天我跟游泳老师比赛，我赢了。 (×) — 어제 나는 수영 선생님과 시합을 해서 이겼다.

4 녹음대본

我是个旱鸭子，我很想学游泳。从上星期开始，我的一个朋友教我学游泳。我觉得游泳有意思是有意思，不过有点儿难。现在我会一点儿了，可是游得不怎么样，只能游二十多米。我要努力练习，以后我想跟我的游泳老师比赛，你们说，我能赢吗？

나는 맥주병이라 수영을 매우 배우고 싶었다. 지난주부터 내 친구가 나에게 수영을 가르쳐 주기 시작했다. 수영은 재미있긴 한데 좀 어렵다. 지금 나는 조금 할 줄 알지만 잘하지는 못하고, 20여 m 헤엄칠 수 있을 정도이다. 나는 열심히 연습할 것이고 앞으로 내 수영 선생님과 시합을 하고 싶다. 내가 이길 수 있을까?

10

어법 다지기 | 문제로 확인

❶ 시량보어

(1) ❶ A 他<u>等</u>了多长时间?
B <u>他等了十五分钟</u>。

❶ A 그는 얼마나 기다렸나요?
B 그는 15분을 기다렸어요.

❷ A 她骑车骑了多长时间？ 　 B 她骑车骑了一个小时二十分钟。	❷ A 그녀는 자전거를 얼마나 탔나요？ 　 B 그녀는 자전거를 1시간 20분 탔어요.
❸ A 他病了多长时间？ 　 B 他病了五天。	❸ A 그는 며칠을 앓았나요？ 　 B 그는 5일을 앓았어요.

(2)
❶ A 她看了多长时间(的)报纸？ 　 B 她看了半个小时(的)报纸。	❶ A 그녀는 신문을 얼마나 봤나요？ 　 B 그녀는 신문을 30분 봤어요.
❷ A 他上了多长时间(的)大学？ 　 B 他上了四年(的)大学。	❷ A 그는 대학에 얼마나 다녔나요？ 　 B 그는 대학에 4년 다녔어요.
❸ A 她打了多长时间(的)电话？ 　 B 她打了一个小时(的)电话。	❸ A 그녀는 통화를 얼마나 했나요？ 　 B 그녀는 통화를 1시간 했어요.

(3)
❶ 他当老师了两年了。	❶ 그는 선생님이 된 지 2년이 됐다.
❷ 他们结婚了五年了。	❷ 그들은 결혼한 지 5년이 됐다.

❷ '就'와 '才'

❶ 他5岁就上小学了，我8岁才上小学。	❶ 그는 5살에 초등학교에 진학했고, 나는 8살에 서야 초등학교에 진학했다.
❷ 小雨9点半才起床，爷爷5点就起床了。	❷ 샤오위는 9시 반에서야 일어나는데, 할아버지는 5시면 일어나신다.
❸ 我妹妹23岁就结婚了，我哥哥35岁才结婚。	❸ 내 여동생은 스물세 살에 결혼을 했는데, 오빠는 서른다섯 살에야 결혼을 했다.

❶ 昨天晚上，我10点就睡觉了，我同屋1点才睡。	❶ 어제 밤에 나는 10시에 잤는데, 내 룸메이트는 1시에서야 잤다.
❷ 他骑自行车骑了30分钟就到了，我坐了50分钟汽车才到。	❷ 그는 자전거를 타고 30분만에 도착했는데, 나는 차를 타고 50분만에야 도착했다.
❸ 大哥的女儿1岁就会说话了，二哥的女儿3岁才会说话。	❸ 큰오빠의 딸은 1살 때 바로 말을 했는데, 둘째 오빠의 딸은 3살이 되어서야 말을 한다.

❸ 虽然……但是……

❶ 虽然他会说英语，但是说得不太流利。（虽然）	❶ 그는 영어를 할 줄은 알지만 그다지 유창하지는 않다.

모범답안 & 녹음대본

❷ 虽然这个房间有空调，<u>但是不太凉快</u>。(但是) | ❷ 이 방은 에어컨이 있지만 그다지 시원하지 않다.
❸ 图书馆里<u>虽然学生很多</u>，但是非常安静。(虽然) | ❸ 도서관 안에 학생들이 많지만 매우 조용하다.
❹ 虽然他们是邻居，<u>但是关系特别不好</u>。(但是) | ❹ 그들은 이웃이지만 관계가 매우 좋지 않다.

④ 因为……所以……

❶ 因为他学习特别努力，<u>所以成绩挺不错</u>。(所以) | ❶ 그는 공부를 매우 열심히 하기 때문에 성적이 꽤 좋다.
❷ 因为他最近身体不太好，<u>所以没有上班</u>。(所以) | ❷ 그는 요새 몸이 별로 좋지 않아서 출근을 하지 않았다.
❸ <u>因为他要上课了</u>，所以他不能睡懒觉了。(因为) | ❸ 그는 수업에 가야 하기 때문에 늦잠을 잘 수 없다.
❹ <u>因为今天是星期六</u>，所以顾客特别多。(因为) | ❹ 오늘은 토요일이라서 고객이 매우 많다.

내공 쌓기

1

❶ A 你学汉语学了多长时间了?
B 我学了两年了。
A 你是美国人吧? 你说得特别流利。
B 哪里哪里，还差得远呢。
A 你还准备学多长时间的汉语?
B 我就要回国了，但我回国后也要继续学汉语。你学英语学了多长时间了?
A 我是从去年开始学英语的。
B 你说得挺不错。
A 谢谢。我觉得英语虽然不太容易，但是很有意思。
B 你还准备学多长时间的英语?
A 我还准备再学两年。

❶ A 중국어를 얼마나 배웠어요?
B 2년 배웠어요.
A 당신 미국인이죠? 굉장히 유창하네요.
B 아니에요. 아직 멀었어요.
A 중국어를 얼마나 더 공부할 계획이에요?
B 저는 곧 귀국해요. 그렇지만 귀국 후에도 계속 중국어를 배울 거예요. 당신은 영어 배운 지 얼마나 됐어요?
A 작년부터 영어를 배우기 시작했어요.
B 아주 잘하시네요.
A 고마워요. 영어는 어렵긴 한데 재미있어요.
B 영어를 얼마나 더 공부할 계획이에요?
A 2년 더 공부할 계획이에요.

❷ A 你怎么现在才来？我等你半天了。
　　B 不好意思，我早点儿出发了，但是路上车太多了。
　　A 电影八点开始，我们应该七点半见面。现在已经差五分八点呢！
　　B 别生气，电影快要开始了，咱们快进去吧。

❷ A 왜 이제서야 와요? 한참 기다렸잖아요.
　　B 미안해요. 일찍 출발했는데, 길에 차가 너무 많았어요.
　　A 영화가 8시에 시작하니까 우리는 7시 반에 만났어야 했어요. 지금 벌써 8시 5분 전이잖아요!
　　B 화내지 말아요. 영화 곧 시작하겠어요. 우리 얼른 들어가요.

2
　　王老师和他爱人结婚四年了，他们有一个可爱聪明的女儿。王老师每天走路上班，他爱人骑车送孩子去幼儿园。每天早上他走十分钟就到公司，但他爱人骑二十分钟才能到女儿的幼儿园。下班后他跟爱人一起做饭，女儿就看电视。然后一家人一起吃晚饭。

　　왕 선생님과 그의 아내는 결혼한 지 4년이 됐고, 그들에게는 귀엽고 똑똑한 딸이 하나 있다. 왕 선생님은 매일 걸어서 출근하고, 그의 아내는 자전거를 타고 아이를 유치원에 데려다준다. 매일 아침 그는 10분만 걸으면 회사에 도착하는데, 그의 아내는 자전거로 20분을 가야 딸아이의 유치원에 도착할 수 있다. 퇴근 후에 그는 아내와 함께 식사 준비를 하고 딸은 텔레비전을 본다. 그런 후에 온 가족이 함께 저녁 식사를 한다.

3
① 小雨工作 <u>B 半个多月了</u>。
② 他一天工作 <u>A 8个小时</u>。
③ 他每周工作 <u>C 5天</u>。
④ 他每天 <u>A 骑自行车</u> 去公司。
⑤ 从他家到公司 <u>C 骑车15分钟</u> 就到了。
⑥ 工作的时候，小雨觉得 <u>C 紧张，不过很愉快</u>。
⑦ 现在小雨不能 <u>B 睡懒觉了</u>。
⑧ 他每天 <u>C 6点</u> 就得起床了。

① 샤오위는 일을 한 지 보름 정도 됐다.
② 그는 하루에 8시간을 일한다.
③ 그는 매주 5일 일한다.
④ 그는 매일 자전거를 타고 회사에 간다.
⑤ 그의 집에서 회사까지는 자전거로 15분이면 도착한다.
⑥ 일을 할 때 샤오위는 긴장되지만 즐겁다.
⑦ 지금 샤오위는 늦잠을 잘 수 없다.
⑧ 그는 매일 6시에 일어나야 한다.

녹음대본

　　小雨工作半个多月了。他每天工作八个小时，每星期工作五天。他每天骑自行车去公司。他家离公司不太远，骑十五分钟就到了。小雨非常喜欢他的工作，虽然工作的时候比较紧张，但是他觉得很愉快。不过，现在他不能睡懒觉了。在学校的时候，他常常八点多才起床，现在六点就得起床了。

　　샤오위는 일을 한 지 보름 정도 됐다. 그는 매일 8시간, 매주 5일 일을 한다. 그는 매일 자전거를 타고 회사에 가는데, 회사까지는 별로 멀지 않아서 자전거로 15분이면 도착한다. 샤오위는 그의 일을 매우 좋아하는데, 일을 할 때 긴장되기는 하지만 매우 즐겁다. 그런데 지금 그는 늦잠을 잘 수 없다. 학교를 다닐 때에는 자주 8시가 넘어서야 일어나곤 했지만 지금은 6시면 일어나야 한다.

복습 2

Tīngtīng 듣기

1 (1) ○　　　(2) ×　　　(3) ○

> **녹음대본**
>
> 这家商店的东西正在打折。商店里顾客很多，有的正在挑东西，有的正在排队交钱，他正在等他的爱人。
>
> 이 가게의 물건들은 지금 할인하고 있습니다. 가게 안에는 손님들이 정말 많은데, 어떤 사람은 물건을 고르고 있고, 어떤 사람은 줄을 서서 계산을 하고 있습니다. 그는 지금 아내를 기다리고 있습니다.

2
(1) 小雨病了。
(2) 明天早上有课，吃午饭后去。
(3) 下了课就给他打电话。

(1) 샤오위가 병이 났다.
(2) 내일 오전에는 수업이 있으니 점심을 먹은 후 갈 것이다.
(3) 수업이 끝나고 바로 전화할 것이다.

> **녹음대본**
>
> A 听说小雨病了。咱们抽时间去看看他吧。
> B 好，什么时候去?
> A 明天早上有课，吃午饭后去吧。
> B 你已经告诉小雨了吗?
> A 还没呢，我下了课就给他打电话。
>
> A 샤오위가 아프다고 들었어. 우리 시간 내서 한번 보러 가자.
> B 좋아. 언제 갈까?
> A 내일 오전에는 수업이 있으니까 점심을 먹은 후에 가 보자.
> B 샤오위에게는 말했어?
> A 아직 안 했어. 수업 끝나고 바로 전화할게.

3

> **녹음대본**
>
> 两年以前，我朋友的女儿看上去还很小。现在她个子高了，头发也长了。
>
> 2년 전 내 친구의 딸은 매우 작아 보였다. 지금은 키가 컸고 머리도 길었다.

Dúdu 읽기

1

(1) 现在十一点半。	(1) 지금은 11시 반이다.
(2) 他打算先去食堂吃饭，然后去百货商店。	(2) 그는 먼저 식당에 가서 밥을 먹고 나서 백화점에 갈 계획이다.
(3) 他要给家里人和女朋友买点儿礼物。	(3) 그는 가족과 여자친구에게 줄 선물을 조금 사려고 한다.

2 (1) ✕   (2) ○   (3) ○

Shuōshuo 말하기

1

我喜欢夏天。虽然天气特别热，但是可以游泳。我很喜欢在海边游泳，所以每年暑假(shǔjià)我去济州岛(Jìzhōudǎo)玩儿。	나는 여름을 좋아한다. 비록 날씨가 매우 덥긴 하지만 수영을 할 수 있다. 나는 바다에서 수영하는 것을 좋아해서 매년 여름 휴가 때 제주도에 놀러 간다.

2

我喜欢看篮球。虽然我不会打篮球，但喜欢去篮球场看比赛，给运动员(yùndòngyuán)加油(jiāyóu)。	나는 농구 보는 것을 좋아한다. 비록 농구를 하지는 못하지만 농구장에 가서 경기를 보고 선수들을 응원하는 것을 좋아한다.

3

A 你学了多长时间汉语了？	A 당신은 중국어를 얼마나 배웠나요?
B 我学了五年汉语了，但是还差得远。	B 저는 중국어를 5년 배웠지만 아직 멀었어요.

Xiěxie 쓰기

1

(1) 听说这家公司正在招聘职员。	(1) 듣자 하니 그 회사는 직원을 채용하고 있다고 한다.
(2) 秋天了，山上的树叶都红了。	(2) 가을이 되자, 산의 나뭇잎들이 모두 붉게 물들었다.
(3) 最近他有点儿瘦了，不过看上去更帅了。	(3) 최근에 그는 살이 조금 빠졌지만 보기에는 더욱 잘생겨졌다.
(4) 我真羡慕你，我是个旱鸭子。	(4) 정말 부러워요. 나는 맥주병이거든요.

2 (1) 周末我陪朋友去长城了。 주말에 나는 친구를 데리고 만리장성에 갔다.
(2) 我最近工作很忙，不能睡懒觉了。 나는 요즘 일이 바빠서 늦잠을 잘 수 없다.
(3) 我估计巴西队会赢。 내 예상으로는 브라질 팀이 이길 것 같다.
(4) 我们等了你半天了。 우리 한참 기다렸어요.

3 (1) 방금 어디에 갔었나요? → 刚才你去哪儿了?
(2) 주말에 무엇을 했나요? → 周末你做什么了?
(3) 내일 저는 귀국해요. → 明天我就要回国了。
(4) 조금 일찍 출발했어야죠. → 你应该早点儿出发。

다락원 홈페이지에서 MP3 파일
다운로드 및 실시간 재생 서비스

최신개정 신공략 중국어 ❷

저자 马箭飞(主编)
　　　苏英霞·翟艳(编著)
편역 변형우, 주성일, 여승환, 배은한
펴낸이 정규도
펴낸곳 (주)다락원

제1판 1쇄 발행 2000년 11월 1일
제2판 1쇄 발행 2005년 12월 19일
제3판 1쇄 발행 2019년 1월 7일
제3판 7쇄 발행 2025년 6월 3일

기획·편집 오혜령, 이원정, 이상윤
디자인 박나래
조판 최영란
일러스트 놈스, 조재희, 성자연
녹음 曹红梅, 朴龙君, 于海峰, 王乐, 허강원

☒ 다락원 경기도 파주시 문발로 211
전화 (02)736-2031 (내선 250~252 / 내선 430, 435)
팩스 (02)732-2037
출판등록 1977년 9월 16일 제406-2008-000007호

Copyright © 2015, 北京大学出版社
원제: 《汉语口语速成》_入门篇·上/下册(第三版)
The Chinese edition is originally published by Peking University
Press. This translation is published by arrangement with
Peking University Press, Beijing, China. All rights reserved. No
reproduction and distribution without permission.

한국 내 Copyright © 2019, (주)다락원
이 책의 한국 내 저작권은 北京大学出版社와의 독점 계약으로 ㈜다락원이
소유합니다.

저자 및 출판사의 허락 없이 이 책의 일부 또는 전부를 무단 복제·전재·
발췌할 수 없습니다. 구입 후 철회는 회사 내규에 부합하는 경우에 가능
하므로 구입처에 문의하시기 바랍니다. 분실·파손 등에 따른 소비자 피해
에 대해서는 공정거래위원회에서 고시한 소비자 분쟁 해결 기준에 따라
보상 가능합니다. 잘못된 책은 바꿔 드립니다.

ISBN 978-89-277-2243-4　18720
　　　978-89-277-2241-0 (set)

www.darakwon.co.kr
다락원 홈페이지를 방문하시면 상세한 출판 정보와 함께 동영상 강좌,
MP3 자료 등 다양한 어학 정보를 얻으실 수 있습니다.

최신개정 신공략 중국어 2

워크북

🔷 간체자가 만들어지는 원리

간체자는 아래와 같은 원리를 이용해서 만들어졌습니다.

간체자가 만들어지는 원리	예
1 전체 윤곽만 남긴다. 伞(傘), 우산 산(傘)자의 전체 윤곽인 人十을 남기고 안의 복잡한 부분을 생략했습니다.	气(氣), 广(廣), 马(馬)
2 고대에 사용된 글자를 채택한다. 无(無), 고대 중국에서 써왔던 한자를 그대로 쓰는 방식으로, 고대에는 무(無)를 无로 표기했습니다.	万(萬), 泪(淚), 礼(禮)
3 초서체를 본떠서 만든다. 长(長), 길 장(長)자의 초서체인 长을 본떠서 만들었습니다.	车(車), 兴(興), 专(專)
4 부분 편방을 줄이거나 생략한다. 标(標), 부수인 木자는 그대로 두고 편방의 票자를 示로 줄였습니다.	标(標), 竞(競), 亏(虧)
5 필획을 줄인다. 单(單), 홑 단(單)자의 입 구(口) 변을 ⋎로 줄였습니다.	奖(獎), 门(門)
6 글자의 일부분만 남긴다. 飞(飛), 날 비(飛)자의 특정 부분인 飞만 남기고 나머지 부분을 생략했습니다.	声(聲), 习(習), 乡(鄉)
7 글자의 복잡한 부분을 간단한 부호로 바꾼다. 欢(歡), 기쁠 환(歡)자의 편방인 雚을 又로 대체해서 부호화시킨 것입니다.	难(難), 鸡(鷄), 汉(漢)
8 발음이 비슷한 부수나 글자로 복잡한 부분을 대신한다. 远(遠), 멀 원(遠)자 안의 원(袁)과 같은 발음이며 획수가 적은 元으로 대체합니다.	亿(億), 远(遠), 邮(郵)
9 발음이 같은 글자로 복잡한 글자를 대신한다. 台(臺), 대 대(臺)자를 발음이 같은 台자로 대신합니다.	系(繫), 几(幾), 后(後)
10 간단한 필획으로 새로운 형성자를 만든다. 惊(驚), 형성자란 두 글자를 합해서 만든 글자로 한 쪽은 뜻을, 다른 한쪽은 음을 나타냅니다. 놀랄 경(驚)자는 말(馬)이 놀라는 모습을 나타내는 글자로 말 마(馬)가 뜻이 되고 경(敬)이 음 부분이 됩니다. 그런데 이 글자를 간체자로 바꾸면서 놀라는 마음(忄)을 뜻으로, 경(京)자를 음으로 하여 새로운 형성자를 만들었습니다.	础(礎), 铜(銅)
11 간단한 필획으로 새로운 회의자를 만든다. 众(衆), 회의자란 뜻을 모아서 만든 글자를 말하는데 무리 중(衆)자는 사람들이 모여있는 모양, 즉 '무리'라는 뜻이므로 사람 인(人)자 3개를 모아서 만들었습니다.	宝(寶), 尘(塵)

⬢ 꼭 익혀 두어야 할 간체자 형태

중국어에서 기본이 되는 간체자 형태는 아래와 같습니다.

간체자 형태	정자	발음	뜻	예
讠	言	yán	말씀 언	说, 语, 译
门	門	mén	문 문	们, 闻, 问
饣	食	shí	밥 식	饭, 饮, 饺
马	馬	mǎ	말 마	吗, 妈, 码
韦	韋	wéi	가죽 위	韩, 伟, 玮
车	車	chē	수레 차	军, 轻, 转
贝	貝	bèi	조개 패	败, 贵, 员
见	見	jiàn	볼 견	现, 观, 视
钅	金	jīn	쇠 금	银, 铜, 钱
鸟	鳥	niǎo	새 조	鸡, 鹤, 鸭
龙	龍	lóng	용 룡	笼, 垄, 聋

⬢ 간체자 쓰기 순서

한자는 글자마다 쓰는 순서가 있습니다. 기본적인 순서는 꼭 숙지해 두세요.

글자 쓰는 순서	예
1. 좌에서 우로 쓴다.	观, 妈
2. 위에서 아래로 쓴다.	黄, 龙
3. 둘러싼 모양부터 먼저 쓴다.	问, 间
4. 좌우 대칭은 가운데부터 먼저 쓴다.	尘, 光
5. 받침을 먼저 쓴다.	赵, 尴
6. 받침을 나중에 쓴다.	进, 还

01 사무동은 강의동 북쪽에 있어요.

핵심표현 & 교체연습 🎧 wbook 01

❶ 有 ~이 있다

我们学校里边有教学楼。
Wǒmen xuéxiào lǐbian yǒu jiàoxuélóu.
우리 학교에는 강의동이 있다.

교체 단어
图书馆 도서관　宿舍楼 기숙사
túshūguǎn　　sùshèlóu

❷ 在 ~에 있다

办公楼在教学楼北边。
Bàngōnglóu zài jiàoxuélóu běibian.
사무동은 강의동 북쪽에 있다.

교체 단어
东边 동쪽　西边 서쪽　南边 남쪽
dōngbian　　xībian　　nánbian

❸ 是 ~이다

电影院对面是一个药店。
Diànyǐngyuàn duìmiàn shì yí ge yàodiàn.
영화관 맞은편은 약국이다.

교체 단어
旁边 옆　后边 뒤쪽
pángbiān　hòubian

❹ 左边 왼쪽

西蒙在小雨和英男左边。
Xīméng zài Xiǎoyǔ hé Yīngnán zuǒbian.
사이먼은 샤오위와 영남이 왼쪽에 있다.

교체 단어
右边 오른쪽　中间 가운데
yòubian　　　zhōngjiān

확인 TEST

1 각 단어와 의미를 연결해 보세요.

(1) 附近　　·　　　　·　A 옆, 곁

(2) 对面　　·　　　　·　B 부근, 근처

(3) 旁边　　·　　　　·　C 영화관

(4) 电影院　·　　　　·　D 약국, 약방

(5) 药店　　·　　　　·　E 맞은편

2 주어진 단어가 들어갈 알맞은 위치를 찾으세요.

(1) 我们学校里边有 **A** 教学楼、**B** 图书馆 **C** 宿舍楼。　和

(2) **A** 左边是小雨，右边是英男，西蒙 **B** 在小雨和英男 **C** 。　中间

(3) **A** 抽屉里 **B** 一块 **C** 巧克力。　有

3 녹음을 듣고, 빈칸에 들어갈 알맞은 표현을 써 넣으세요. 🎧 wbook 02

(1) 办公楼在教学楼＿＿＿＿＿＿，图书馆在办公楼＿＿＿＿＿＿。

(2) 这是保罗和他的朋友们的＿＿＿＿＿＿。

(3) 保罗在西蒙＿＿＿＿＿＿英男＿＿＿＿＿＿。

(4) ＿＿＿＿＿＿上边有一本书、一个＿＿＿＿＿＿。

(5) ＿＿＿＿＿＿里有什么？

간체자 쓰기

饭馆 fànguǎn
명 식당

丿 𠂉 饣 饣 饭 饭
丿 𠂉 饣 饣 饣 馆 馆 馆 馆

饭馆

还 hái
부 또, 더

一 丆 オ 不 不 还 还

还

电影 diànyǐng
명 영화

丨 冂 日 电
丨 冂 日 旦 早 昌 昙 景 景 影 影

电影

对面 duìmiàn
명 맞은편

丆 又 对 对
一 丆 丆 丏 面 面 面 面 面

对面

药店 yàodiàn
명 약국

一 + 艹 艿 芗 药 药 药
丶 广 广 广 店 店 店

药店

旁边
pángbiān
명 옆, 곁

丶亠亡产产产产旁旁
フ カ カ 边 边

超市
chāoshì
명 슈퍼마켓

一十土耂耂起起起起超超
丶亠广市市

照片
zhàopiàn
명 사진

丨冂日日日ブ昭昭照照照照照
丿丿广片

中间
zhōngjiān
명 중간, 가운데

丨口口中
丶丨门门问问间间

后边
hòubian
명 뒤쪽

一厂厂斤后后
フ カ カ 边 边

02 빨간색을 드릴까요, 파란색을 드릴까요?

● 핵심표현 & 교체연습 🎧 wbook 03

❶ 的 ~의, ~의 것

这本书是我的。
Zhè běn shū shì wǒ de.
이 책은 내 것이다.

교체 단어
他的 그의 것   我姐姐的 내 언니의 것
tā de   wǒ jiějie de

❷ 还是 ~아니면

要红的还是要蓝的?
Yào hóng de háishi yào lán de?
빨간색을 드릴까요, (아니면) 파란색을 드릴까요?

교체 단어
热的 뜨거운 것 | 冷的 찬 것
rè de   lěng de
长的 긴 것 | 短的 짧은 것
cháng de   duǎn de

❸ 是……还是 ~인가요, (아니면) ~인가요

你是日本人还是韩国人?
Nǐ shì Rìběn rén háishi Hánguó rén?
당신은 일본인인가요, (아니면) 한국인인가요?

교체 단어
美国人 미국인 | 法国人 프랑스인
Měiguó rén   Fǎguó rén
英国人 영국인 | 德国人 독일인
Yīngguó rén   Déguó rén

❹ 怎么卖 어떻게 파나요

A 西红柿怎么卖?
    Xīhóngshì zěnme mài?
    토마토는 어떻게 파나요?

B 一斤三块八。
    Yì jīn sān kuài bā.
    한 근에 3.8위안이에요.

교체 단어
两块五 2.5위안   十块零二分 10.02위안
liǎng kuài wǔ   shí kuài líng èr fēn

확인 TEST

1 각 단어와 의미를 연결해 보세요.

(1) 一共　　•　　　　•　A 합계, 모두

(2) 给　　　•　　　　•　B 돈을 거슬러 주다

(3) 找钱　　•　　　　•　C 맛보다

(4) 数　　　•　　　　•　D 세다, 헤아리다

(5) 尝　　　•　　　　•　E 주다

2 주어진 단어가 들어갈 알맞은 위치를 찾으세요.

(1) A 请问，B 卖 C 啤酒？　　哪儿

(2) A 要四瓶啤酒，B 要两听 C 可口可乐。　　再

(3) 您尝 A ，不甜 B 不要钱 C 。　　一下儿

3 녹음을 듣고, 빈칸에 들어갈 알맞은 표현을 써 넣으세요. 🎧 wbook 04

(1) 要红的　　　　　要蓝的？

(2) 还要　　　　　吗？

(3) 您有　　　　　吗？

(4) 　　　　　三块钱一斤，　　　　　十块钱四斤。

(5) 这是今天早上摘的，　　　　　极了。

간체자 쓰기

红 hóng
형 붉다, 빨갛다

丿 纟 纟 红 红 红

红

蓝 lán
형 푸르다, 파랗다

一 艹 艹 艹 艹 萨 萨 萨 萨 蓝 蓝 蓝

蓝

别的 bié de
대 다른 것

丨 口 口 号 另 别 别
丿 亻 亻 白 白 的 的 的

别 的

卖 mài
동 팔다

一 十 士 吉 吉 吉 卖 卖

卖

再 zài
부 더, 다시

一 厂 冂 丙 再 再

再

03 추천 좀 해 주세요.

핵심표현 & 교체연습 🎧 wbook 05

❶ 想 ~할 계획이다, ~하기를 바란다

我**想**买个手机，您给我介绍一下。
Wǒ xiǎng mǎi ge shǒujī, nín gěi wǒ jièshào yíxià.
핸드폰을 사려고 하는데, 추천 좀 해 주세요.

교체 단어
电视 텔레비전 / diànshì
电脑 컴퓨터 / diànnǎo

❷ 试试 한번 해 보다

我可以**试试**吗?
Wǒ kěyǐ shìshi ma?
제가 신어 봐도 될까요?

교체 단어
听听 들어 봐도 / tīngting
尝尝 먹어 봐도 / chángchang

❸ 又……又 ~하고 ~하다

这个牌子质量**又**好，价钱**又**便宜。
Zhège páizi zhìliàng yòu hǎo, jiàqián yòu piányi.
이 브랜드는 품질도 좋고 가격도 저렴하다.

교체 단어
不好 나쁘고 / bù hǎo | 贵 비싸다 / guì
差 떨어지고 / chà | 高 높다 / gāo

❹ 有点儿/一点儿 조금

这个**有点儿**小，有大**一点儿**的吗?
Zhège yǒudiǎnr xiǎo, yǒu dà yìdiǎnr de ma?
이건 조금 작은데, 조금 큰 거 있나요?

교체 단어
短 짧은데 / duǎn | 长 긴 / cháng
热 뜨거운데 / rè | 冷 차가운 / lěng

확인 TEST

1 각 단어와 의미를 연결해 보세요.

(1) 质量 ・　　　　・ A 보기 좋다

(2) 好看 ・　　　　・ B 모양, 모습

(3) 价钱 ・　　　　・ C 가격, 값

(4) 牌子 ・　　　　・ D 상표, 브랜드

(5) 样子 ・　　　　・ E 품질

2 주어진 단어가 들어갈 알맞은 위치를 찾으세요.

(1) A 您 B 买 C 多少钱的?　　想

(2) A 这 B 一种 C 颜色。　　只有

(3) 太 A 贵 B 了，便宜 C 吧。　　点儿

3 녹음을 듣고, 빈칸에 들어갈 알맞은 표현을 써 넣으세요. 🎧 wbook 06

(1) 两千块 _____ 的。

(2) 样子 _____ 挺好看。

(3) 这双鞋是 _____ 号的?

(4) 这双不大也不小，挺 _____。

(5) 有 _____ 颜色的吗?

간체자 쓰기

手机 shǒujī
명 핸드폰

一二三手
一十才木机机

左右 zuǒyòu
명 가량, 내외

一ナキ左左
一ナオ右右

牌子 páizi
명 상표

ノ丿丬爿片片炉炉牌牌牌
フ了子

质量 zhìliàng
명 품질

一厂厂严严质质
一口日日旦早昌昌量量量

价钱 jiàqián
명 가격, 값

ノ亻仆价价
ノ𠂉𠂉生钅钅钅铁钱钱

04 우리 먹어 보러 갈래요?

핵심표현 & 교체연습 🎧 wbook 07

❶ ……, 好吗? ~어때요?

咱们去<u>尝尝</u>, <u>好吗</u>?
Zánmen qù chángchang, hǎo ma?
우리 먹어 보러 갈래요?

교체 단어
看看 구경하러   试试 시험해 보러
kànkan   shìshi

❷ 来 ~주세요

<u>来</u>一个<u>鱼香肉丝</u>。
Lái yí ge yúxiāng ròusī.
위샹러우쓰 하나 주세요.

교체 단어
麻婆豆腐 마포떠우푸   酸辣汤 쏸라탕
mápó dòufu   suānlàtāng

❸ ……是…… ~하긴 ~한데

<u>好吃</u>是<u>好吃</u>, 不过<u>油太多</u>。
Hǎochī shì hǎochī, búguò yóu tài duō.
맛있기는 한데, 기름기가 너무 많다.

교체 단어
太辣 너무 맵다   太甜 너무 달다
tài là   tài tián

❹ 请 (이중목적어 동사술어문)

以后我<u>请</u>你<u>吃韩国菜</u>。
Yǐhòu wǒ qǐng nǐ chī Hánguó cài.
다음에는 내가 한국요리를 대접할게요.

교체 단어
来我家 우리 집으로 초대할게요   吃饭 밥을 살게요
lái wǒ jiā   chī fàn

확인 TEST

1 다음 빈칸을 알맞게 채워 넣으세요.

(1)	听说		듣자니
(2)	好吃	hǎochī	
(3)		là	맵다, 아리다
(4)	结账	jiézhàng	
(5)		qǐngkè	접대하다

2 주어진 단어를 올바르게 배열하여 완전한 문장을 만드세요.

(1) 菜　好吃　听说　很　四川　尝尝　去　咱们

→ _____

(2) 觉得　好吃　你　吗　菜　中国

→ _____

(3) 我们　再　两　给　餐巾纸　张

→ _____

3 녹음을 듣고, 다음 보기에서 알맞은 대답을 고르세요. 🎧 wbook 08

> A 我最喜欢吃韩国菜。
> B 来一壶茶。
> C 今天晚上我有事，明天中午好吗？

(1) _____　(2) _____　(3) _____

간체자 쓰기

好吃 hǎochī
형 맛있다

` ㄑ 乡 女 女 好 好`
`丨 冂 口 叱 吃`

好吃

菜单 càidān
명 식단, 메뉴

`一 艹 艹 艹 艹 芗 䒑 苹 菜 菜`
`丨 𠂉 冂 冃 肖 单 单`

菜单

点 diǎn
동 주문하다

`丨 卜 占 占 卢 点 点 点`

点

辣 là
형 맵다

`丶 亠 亠 立 辛 辛 辛 辩 辩 辣 辣`

辣

不过 búguò
접 그러나

`一 ㄱ 不 不`
`一 寸 寸 寸 过 过`

不过

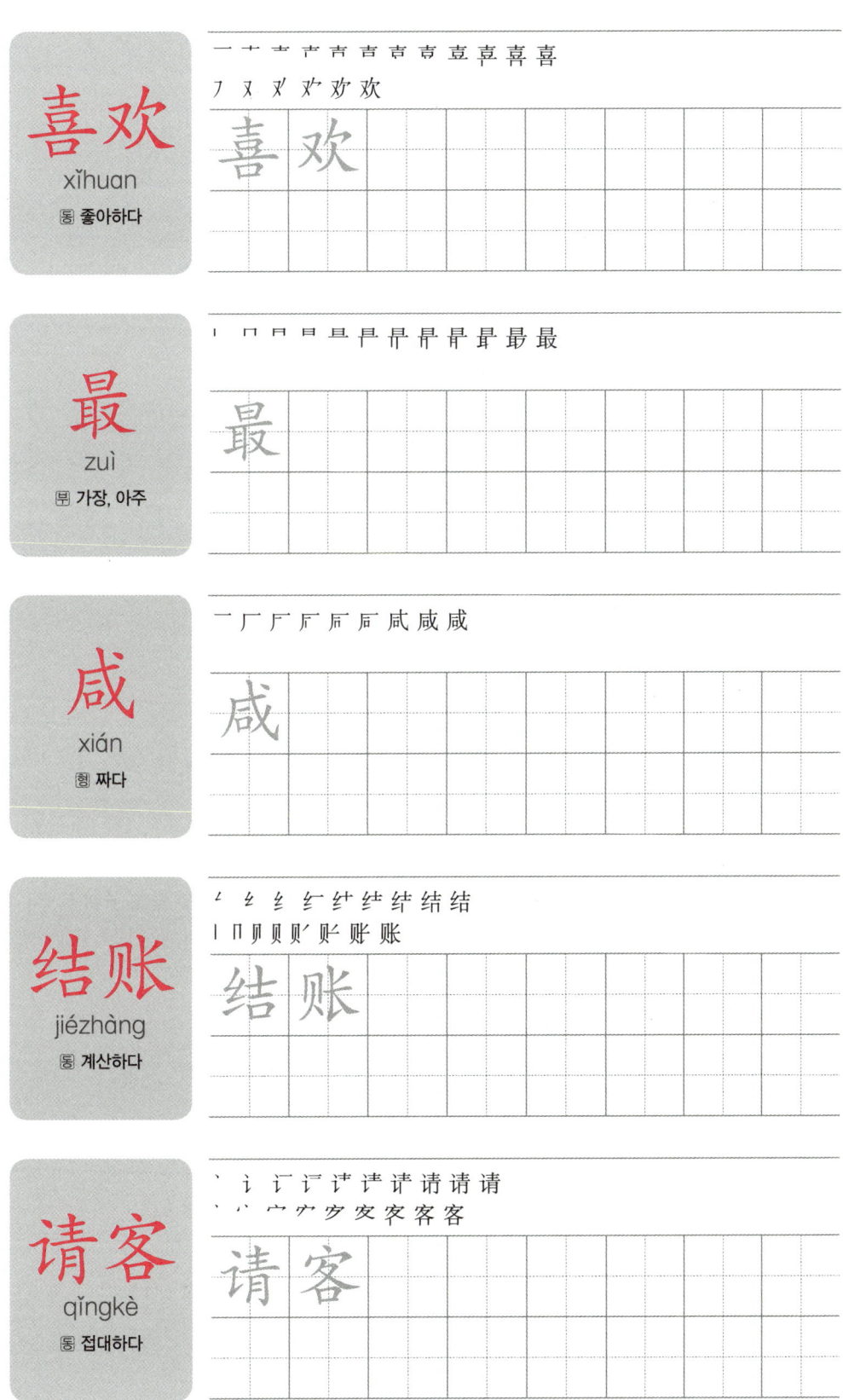

05 우체국에 어떻게 가나요?

핵심표현 & 교체연습 🎧 wbook 09

❶ 多 얼마나

邮局离这儿多远?
Yóujú lí zhèr duō yuǎn?
우체국은 여기에서 얼마나 먼가요?

교체 단어
银行 은행 　药店 약국
yínháng 　yàodiàn

❷ 十三四 13~14

A 从这儿到百货大楼有多远?
Cóng zhèr dào bǎihuòdàlóu yǒu duō yuǎn?
여기에서 백화점까지 얼마나 먼가요?

B 十三四公里。
Shísān-sì gōnglǐ.
13~14km 정도 돼요.

교체 단어
电影院 영화관 　超市 슈퍼마켓
diànyǐngyuàn 　chāoshì

❸ ……多 ~여

这件衬衣三十多块钱。
Zhè jiàn chènyī sānshí duō kuài qián.
이 셔츠는 30여 위안이다.

교체 단어
这本词典 이 사전 　这些橘子 이 귤
Zhè běn cídiǎn 　Zhèxiē júzi

❹ 还是……吧 ~하는 것이 낫겠다

坐飞机太贵了，还是坐火车吧。
Zuò fēijī tài guì le, háishi zuò huǒchē ba.
비행기를 타면 너무 비싸니 기차를 타는 것이 낫겠다.

교체 단어
出租车 택시 ｜ 公共汽车 버스 　高铁 고속 철도 ｜ 普通列车 일반 열차
chūzūchē 　 gōnggòng qìchē 　gāotiě 　pǔtōng lièchē

확인 TEST

1 다음 빈칸을 알맞게 채워 넣으세요.

(1)		yìzhí	곧장, 곧바로
(2)	往		~쪽으로
(3)		lùkǒu	갈림길, 교차로
(4)	拐	guǎi	
(5)	马路		대로, 큰길

2 주어진 단어를 올바르게 배열하여 완전한 문장을 만드세요.

(1) 这儿   多   远   离

→ _____

(2) 条   不过   这   有点儿   乱   路   近

→ _____

(3) 还是   坐   贵   吧   太   了   坐   飞机   火车

→ _____

3 녹음을 듣고, 다음 보기에서 알맞은 대답을 고르세요. 🎧 wbook 10

> A 走这条路或者那条路都行。
> B 十三四公里。
> C 坐飞机吧，又快又舒服。

(1) _____   (2) _____   (3) _____

간체자 쓰기

一直 yìzhí
튀 곧장

一
一ナナ冇冇有直直

一直

到 dào
동 도착하다

一ZZ至至到到

到

路口 lùkǒu
명 교차로

丨口口甲甲甲𧾷𧾷趵跂路路路
丨冂口

路口

拐 guǎi
동 꺾어 돌다

一十扌扌扩护拐拐

拐

马路 mǎlù
명 대로, 큰길

丨口口甲甲甲𧾷𧾷趵跂路路路

马路

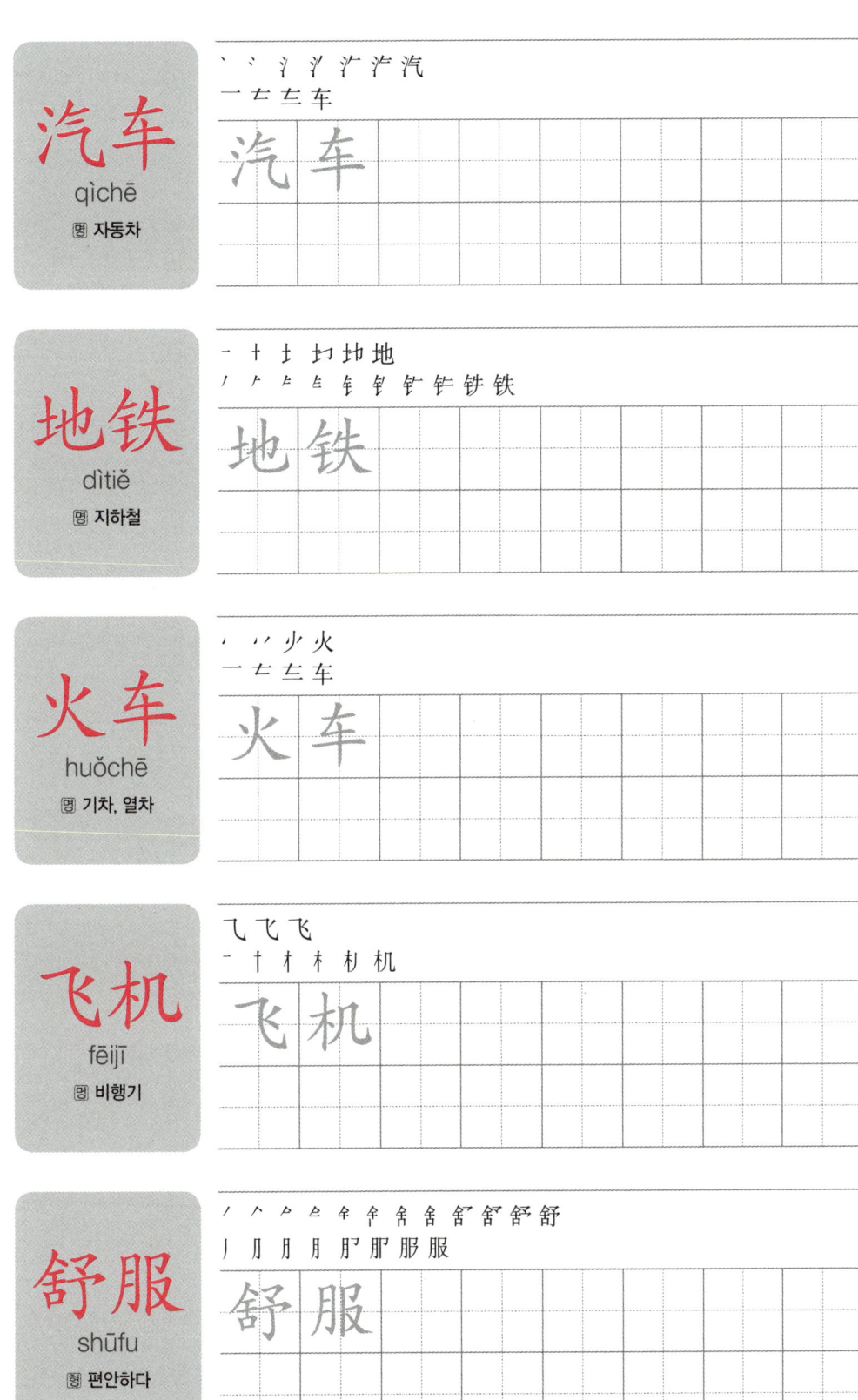

06 그는 지금 아내를 기다리고 있어요.

핵심표현 & 교체연습 🎧 wbook 11

❶ 正在……呢 지금 ~하고 있다

他<u>正在</u>等他爱人<u>呢</u>。
Tā zhèngzài děng tā àiren ne.
그는 지금 아내를 기다리고 있다.

교체 단어
| 同学 동창 | 顾客 고객 |
| tóngxué | gùkè |

❷ 没有……在……呢 ~하고 있지 않다

莉莉<u>没有</u>看电视，她<u>在</u>打电话<u>呢</u>。
Lìli méiyǒu kàn diànshì, tā zài dǎ diànhuà ne.
릴리는 TV를 보고 있지 않고, 전화를 하고 있다.

교체 단어
| 听音乐 음악을 듣고 | 唱歌 노래를 부르고 | 看书 책을 보고 | 睡觉 잠을 자고 |
| tīng yīnyuè | chànggē | kànshū | shuìjiào |

❸ 有的……有的…… 어떤 사람은 ~하고, 어떤 사람은 ~한다

<u>有的</u>喜欢吃辣的，<u>有的</u>喜欢吃甜的。
Yǒude xǐhuan chī là de, yǒude xǐhuan chī tián de.
어떤 사람은 매운 것을 좋아하고, 어떤 사람은 단 것을 좋아한다.

교체 단어
| 吃咸的 짠 것을 | 吃酸的 신 것을 | 便宜的 싼 것을 | 好看的 예쁜 것을 |
| chī xián de | chī suān de | piányi de | hǎokàn de |

❹ 一边……一边…… ~하면서 ~하다

我<u>一边</u>听音乐<u>一边</u>吃饭。
Wǒ yìbiān tīng yīnyuè yìbiān chī fàn.
나는 음악을 들으면서 밥을 먹는다.

교체 단어
看电视 텔레비전을 보면서	聊天儿 수다를 떤다
kàn diànshì	liáotiānr
唱歌 노래를 부르면서	跳舞 춤을 춘다
chànggē	tiàowǔ

확인 TEST

1 다음 빈칸을 알맞게 채워 넣으세요.

(1)	打折	dǎzhé	
(2)		páiduì	줄을 서다
(3)	招聘		모집하다, 채용하다
(4)		liáotiānr	이야기를 나누다
(5)	旅行	lǚxíng	

2 주어진 단어를 올바르게 배열하여 완전한 문장을 만드세요.

(1) 里　真　商店　不少　顾客

→ _____

(2) 这　公司　招聘　正在　家　听说　职员

→ _____

(3) 我　正在　你们　想　可能

→ _____

3 녹음을 듣고, 다음 보기에서 알맞은 대답을 고르세요. 🎧 wbook 12

> A 小雨最近很忙，他正在找工作。
> B 我可能正在跟男朋友一起旅行。
> C 他正在等他的爱人呢。

(1) _____　(2) _____　(3) _____

간체자 쓰기

顾客 gùkè
명 고객

一 厂 厂 厂 厂 厂 厅 顾 顾 顾
丶 宀 宀 宀 宀 宀 宁 安 客 客 客

顾客

有的 yǒude
대 어떤 것

一 ナ 才 有 有 有
丿 亻 亻 亻 的 的 的 的

有的

挑 tiāo
동 고르다

一 十 扌 扌 扌 扎 挑 挑

挑

交 jiāo
동 건네다

丶 亠 亠 六 亣 交

交

找 zhǎo
동 찾다, 구하다

一 十 扌 扌 找 找 找

找

26

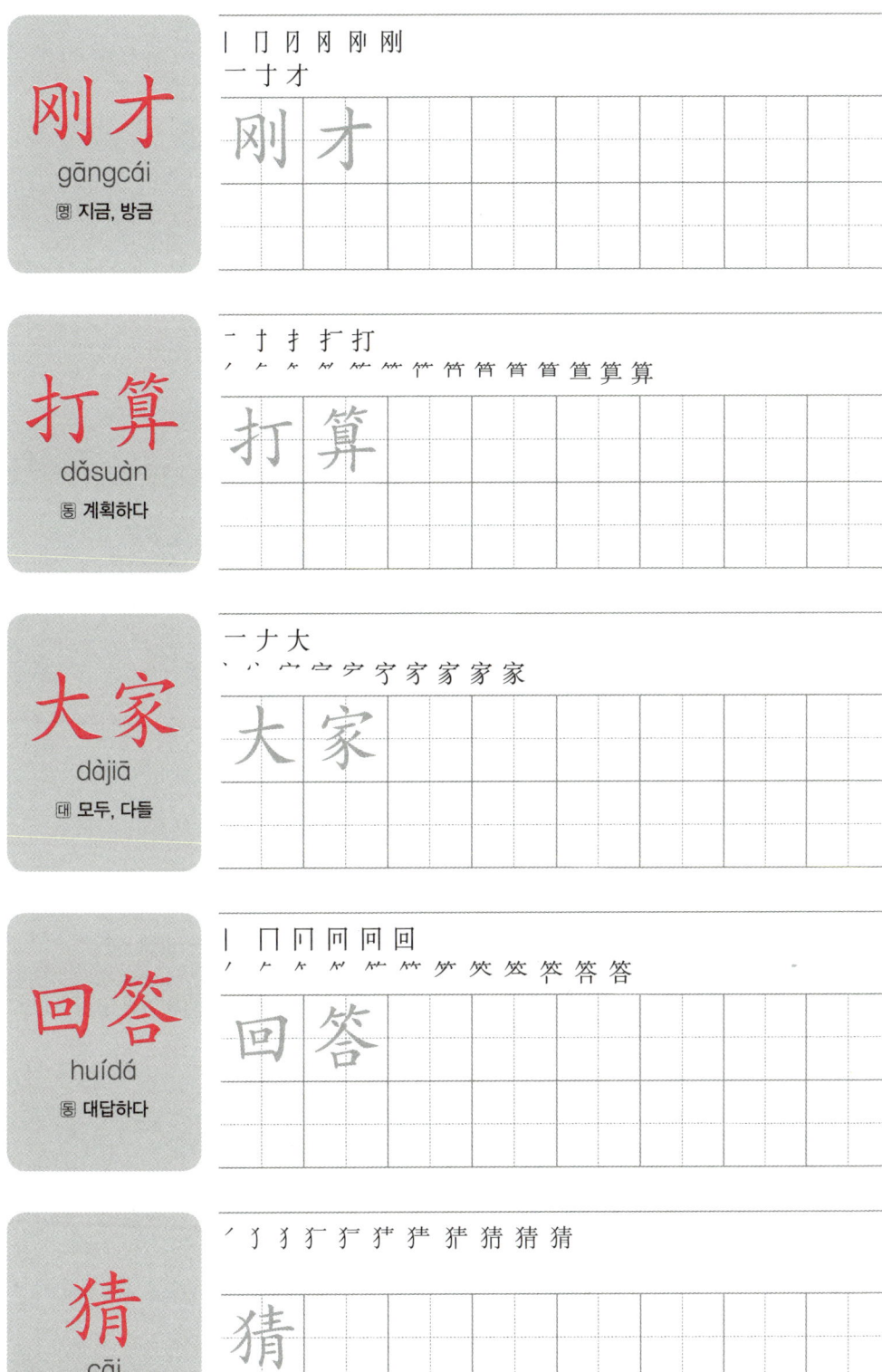

07 방금 어디에 갔었나요?

핵심표현 & 교체연습 🎧 wbook 13

❶ 了 (동태조사)

她买<u>了</u>三件衬衣。
Tā mǎi le sān jiàn chènyī.
그녀는 셔츠 세 벌을 샀다.

> **교체 단어**
> 两条裙子 치마 두 벌   一顶帽子 모자 하나
> liǎng tiáo qúnzi   yì dǐng màozi

❷ 还没……呢 아직 ~하지 않았다

A 你去颐和园了吗?
Nǐ qù Yíhéyuán le ma?
당신 이허위안에 갔었나요?

B <u>还没</u>去<u>呢</u>。
Hái méi qù ne.
아직 안 갔어요.

> **교체 단어**
> 天安门 톈안먼   全聚德 취안쥐더
> Tiān'ānmén   Quánjùdé

❸ 了没有 ~했나요, 안 했나요

你做作业<u>了没有</u>?
Nǐ zuò zuòyè le méiyǒu?
숙제를 했나요, 안 했나요?

> **교체 단어**
> 你告诉他 그에게 말했나요
> Nǐ gàosu tā
> 你吃早饭 아침밥을 먹었나요
> Nǐ chī zǎofàn

❹ ……了……就…… ~하자마자 바로 ~할 것이다

我下<u>了</u>课<u>就</u>给他打电话。
Wǒ xià le kè jiù gěi tā dǎ diànhuà.
나는 수업이 끝나자마자 바로 그에게 전화할 것이다.

> **교체 단어**
> 去吃饭 밥을 먹을 것이다
> qù chī fàn
> 去看朋友 친구를 보러 갈 것이다
> qù kàn péngyou

확인 TEST

1 다음 빈칸에 들어갈 알맞은 표현을 보기에서 골라 써 넣으세요.

> A 刚才你去_____了?
>
> B 我跟直美_____商店去了。
>
> A 她买了什么_____?
>
> B 她买了三件衬衣、两条裙子，_____一顶帽子。

| 보기 | 逛 | 还有 | 哪儿 | 东西 |

2 다음은 틀린 문장입니다. 바르게 고쳐 보세요.

(1) 我朋友北京来了，周末我去长城陪他了。

　→ _____

(2) 昨天我们吃了在全聚德烤鸭一大只。

　→ _____

(3) 小雨病听说了，咱们时间抽去看看他吧。

　→ _____

3 녹음을 듣고, 주어진 뜻에 해당하는 문장을 중국어로 써 보세요. 🎧 wbook 14

(1) _____　당신은 물건을 샀나요?

(2) _____　주말에 무엇을 했나요?

(3) _____　그에게는 이미 말했나요?

간체자 쓰기

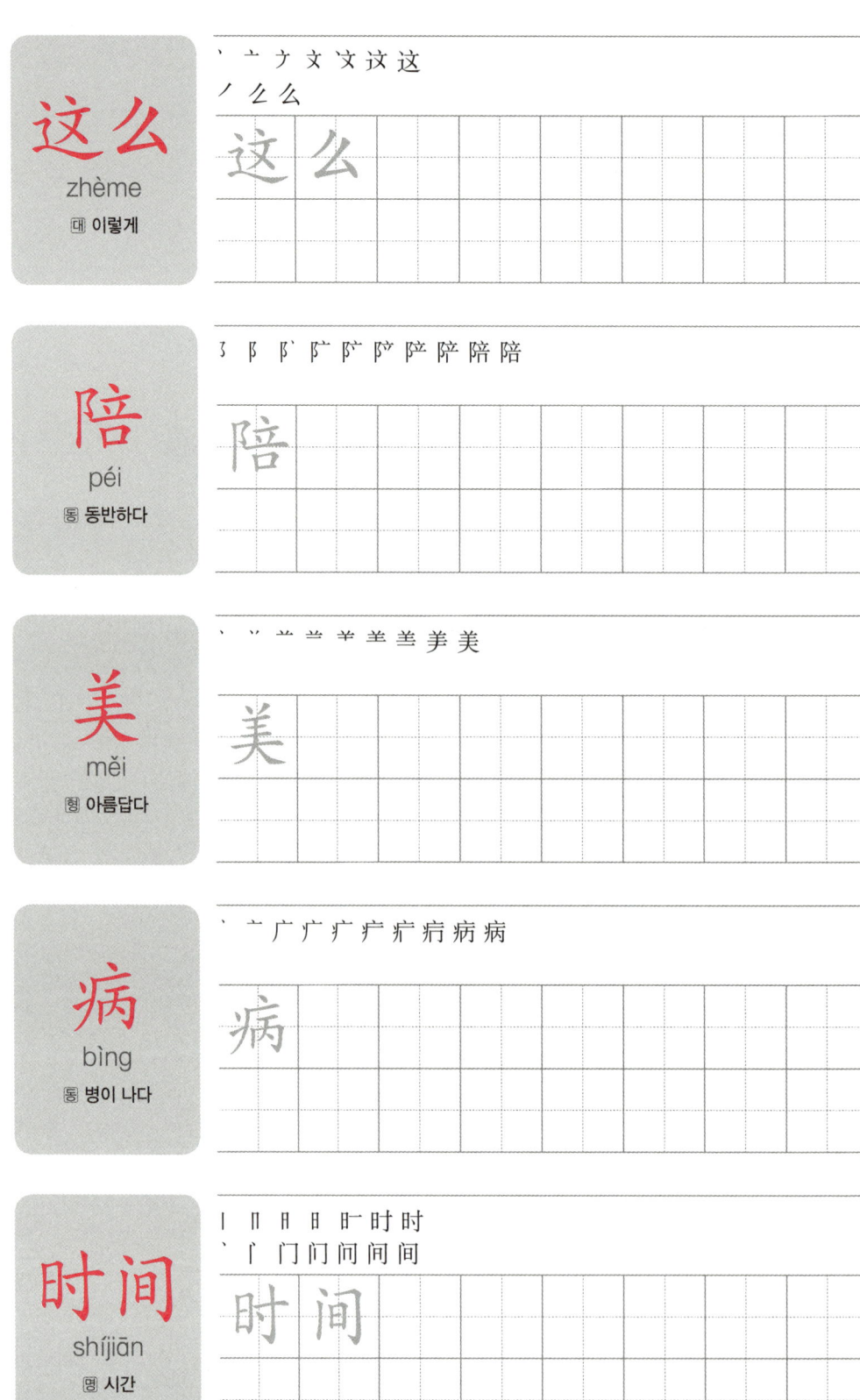

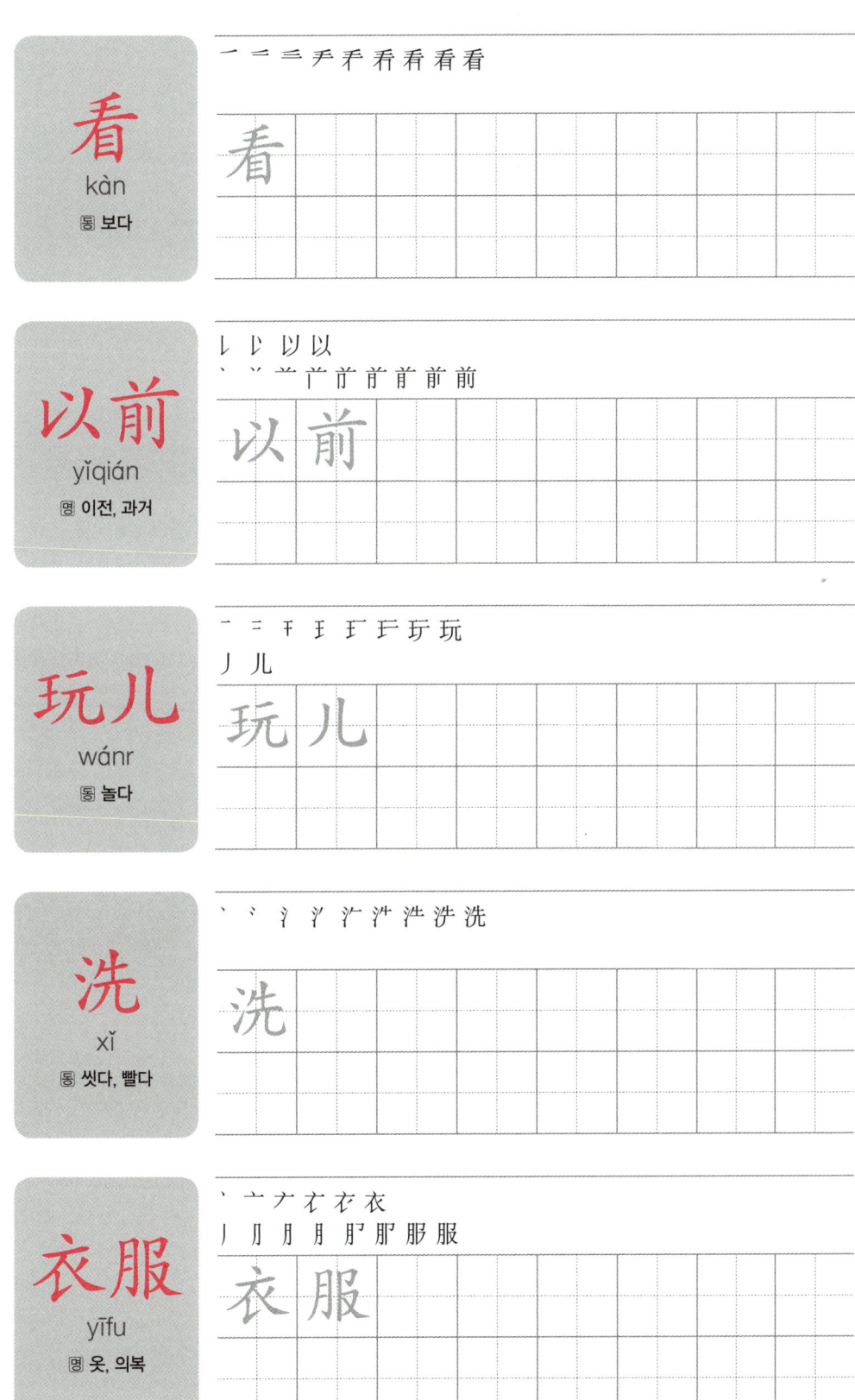

08 가을이 되었어요.

핵심표현 & 교체연습 🎧 wbook 15

❶ 了 (어기조사)

现在他的病已经好了。
Xiànzài tā de bìng yǐjīng hǎo le.
지금 그의 병은 이미 좋아졌다.

교체 단어
秋天 가을 | 来 왔다
qiūtiān | lái
汉语课 중국어 수업 | 结束 끝났다
Hànyǔ kè | jiéshù

❷ 要……了 곧 ~할 것이다

我要回国了。
Wǒ yào huí guó le.
나는 곧 귀국할 것이다.

교체 단어
睡觉 잠을 잘 | 吃饭 밥을 먹을
shuìjiào | chī fàn

❸ 能 ~할 수 있다

你能吃辣的吗?
Nǐ néng chī là de ma?
당신은 매운 것을 먹을 수 있나요?

교체 단어
帮我忙 나를 도와 줄 | 来我家 우리 집에 올
bāng wǒ máng | lái wǒ jiā

❹ 可以 ~할 수 있다, ~해도 된다

这件衣服我可以试试吗?
Zhè jiàn yīfu wǒ kěyǐ shìshi ma?
이 옷 한번 입어 봐도 되나요?

교체 단어
这条裙子 이 치마 | 这件衬衣 이 셔츠
Zhè tiáo qúnzi | Zhè jiàn chènyī

확인 TEST

1 다음 빈칸에 들어갈 알맞은 표현을 보기에서 골라 써 넣으세요.

> 秋天了，_____凉了，山上的_____都红了。西蒙他们_____今天去香山看_____。

| 보기 | 树叶 | 天气 | 红叶 | 打算 |

2 다음은 틀린 문장입니다. 바르게 고쳐 보세요.

(1) 玩儿的时间了少，不能也睡懒觉了。

　→ _____

(2) 最近他瘦了有点儿，看上去不过更帅了。

　→ _____

(3) 他要家里人和亲戚朋友给买礼物点儿。

　→ _____

3 녹음을 듣고, 주어진 뜻에 해당하는 문장을 중국어로 써 보세요. 🎧 wbook 16

(1) _____　　정말 공교롭게도 날이 흐려지더니 비가 오려고 한다.

(2) _____　　그는 이제 직원이 되어서 일이 너무 바쁘다.

(3) _____　　그는 다음 주면 곧 귀국한다.

간체자 쓰기

天气 tiānqì
명 날씨

一 二 于 天
丿 仁 仨 气

红叶 hóngyè
명 단풍

㇀ 㒳 纟 红 红 红
丨 冂 冂 叶

睡觉 shuìjiào
동 잠을 자다

丨 冂 冃 目 目 盯 盯 睡 睡 睡 睡
丶 丷 ⺍ 一 ⺍ 学 学 觉 觉

懒 lǎn
형 게으르다

丶 丶 忄 忄 忙 忙 忙 忡 悚 悚 悚 悚 悚 懒 懒

瘦 shòu
형 마르다

丶 亠 广 广 疒 疒 疒 疒 疖 疖 疖 瘦 瘦 瘦

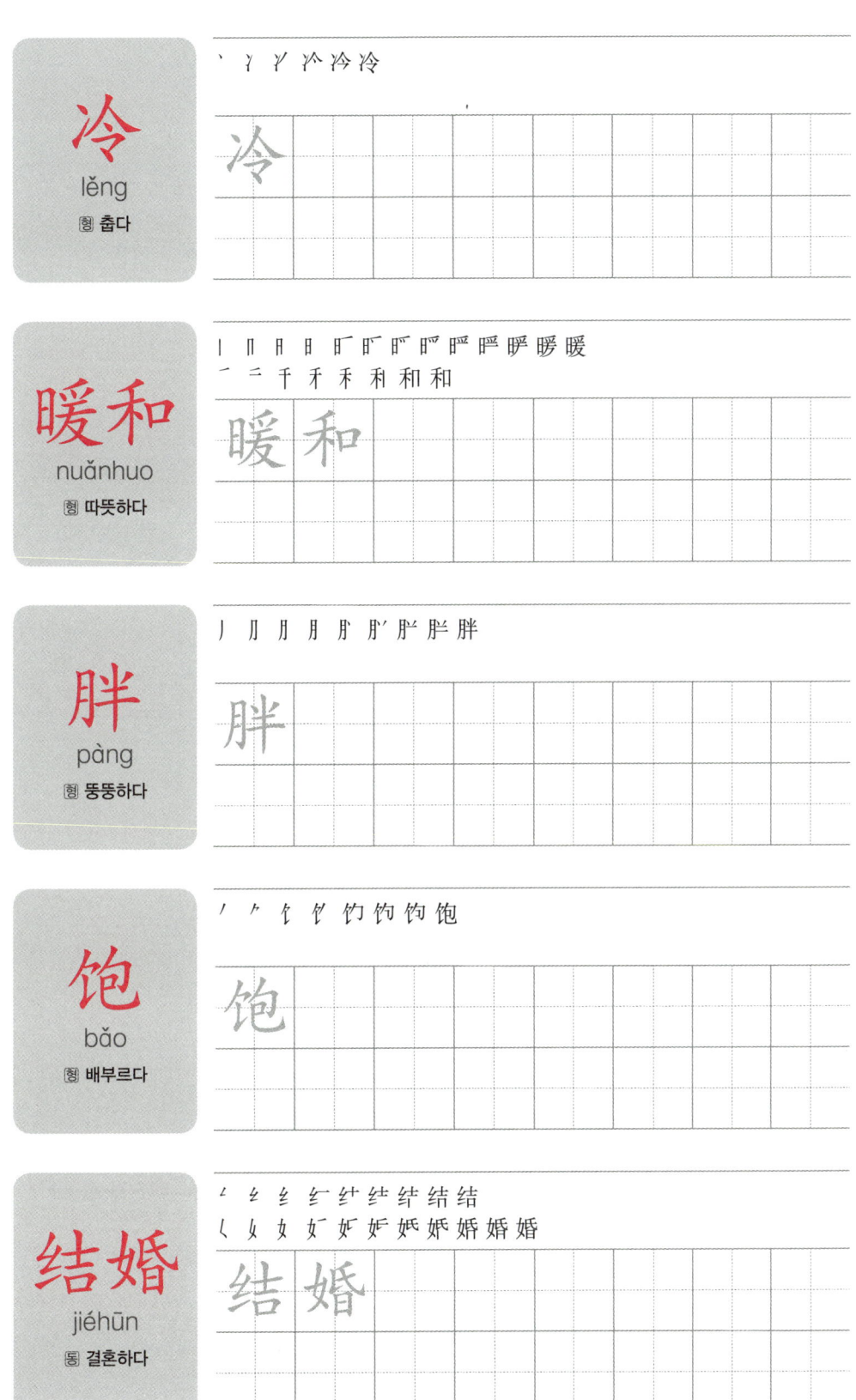

09 당신의 수영 실력은 어떤가요?

핵심표현 & 교체연습 🎧 wbook 17

❶ 会 ~할 줄 안다

他**会**说一点儿汉语。
Tā huì shuō yìdiǎnr Hànyǔ.
그는 중국어를 조금 할 줄 안다.

교체 단어
英语 영어　日语 일어
Yīngyǔ　　Rìyǔ

❷ 不怎么样 잘하지 못하다

会一点儿，不过踢得**不怎么样**。
Huì yìdiǎnr, búguò tī de bù zěnmeyàng.
조금은 하는데, 잘 차지는 못한다.

교체 단어
打 치지는　游 헤엄치지는
dǎ　　　　yóu

❸ 得 ~해야 한다

我女朋友要去听音乐会，我**得**陪她。
Wǒ nǚpéngyou yào qù tīng yīnyuèhuì, wǒ děi péi tā.
나는 여자친구가 음악회에 가야 한다고 해서 같이 가 줘야 한다.

교체 단어
看电影 영화를 보러　　　　喝咖啡 커피를 마시러
kàn diànyǐng　　　　　　　hē kāfēi

❹ 怎么样 어때요

你游泳游得**怎么样**？
Nǐ yóuyǒng yóu de zěnmeyàng?
당신 수영 실력이 어때요?

교체 단어
打网球打 테니스　踢足球踢 축구
dǎ wǎngqiú dǎ　　tī zúqiú tī

확인 TEST

1 다음 빈칸에 들어갈 알맞은 표현을 보기에서 골라 써 넣으세요.

> A 你_____游得怎么样?
>
> B 我游得_____，能游八百米呢。
>
> A 我真_____你，我是个_____。

| 보기 | 羡慕 | 不错 | 旱鸭子 | 游泳 |

2 다음은 틀린 문장입니다. 바르게 고쳐 보세요.

(1) 你喜欢最球星哪个?

　→ _____

(2) 我女朋友去要听音乐会，我陪得她。

　→ _____

(3) 我估计会赢巴西队。

　→ _____

3 녹음을 듣고, 주어진 뜻에 해당하는 문장을 중국어로 써 보세요. 🎧 wbook 18

(1) _____ 당신은 축구를 할 줄 아나요?

(2) _____ 어느 팀이 이길 것 같아요?

(3) _____ 내 생각에는 독일 팀이 절대 지지 않을 것 같아요.

간체자 쓰기

游泳 yóuyǒng
동 수영하다

`丶丶氵氵氵汸汸浐浐浐游`
`丶丶氵氵汀汀汸泳`

运动 yùndòng
명 운동

`一二云云沄运运`
`一二云云刼动`

爱 ài
동 ~하기를 좋아하다

`一一一'''''严严受受爱`

踢 tī
동 (축구를) 하다

`丨口口甲甲平严趴趴趵踢踢`

队 duì
명 팀

`乛阝阦队`

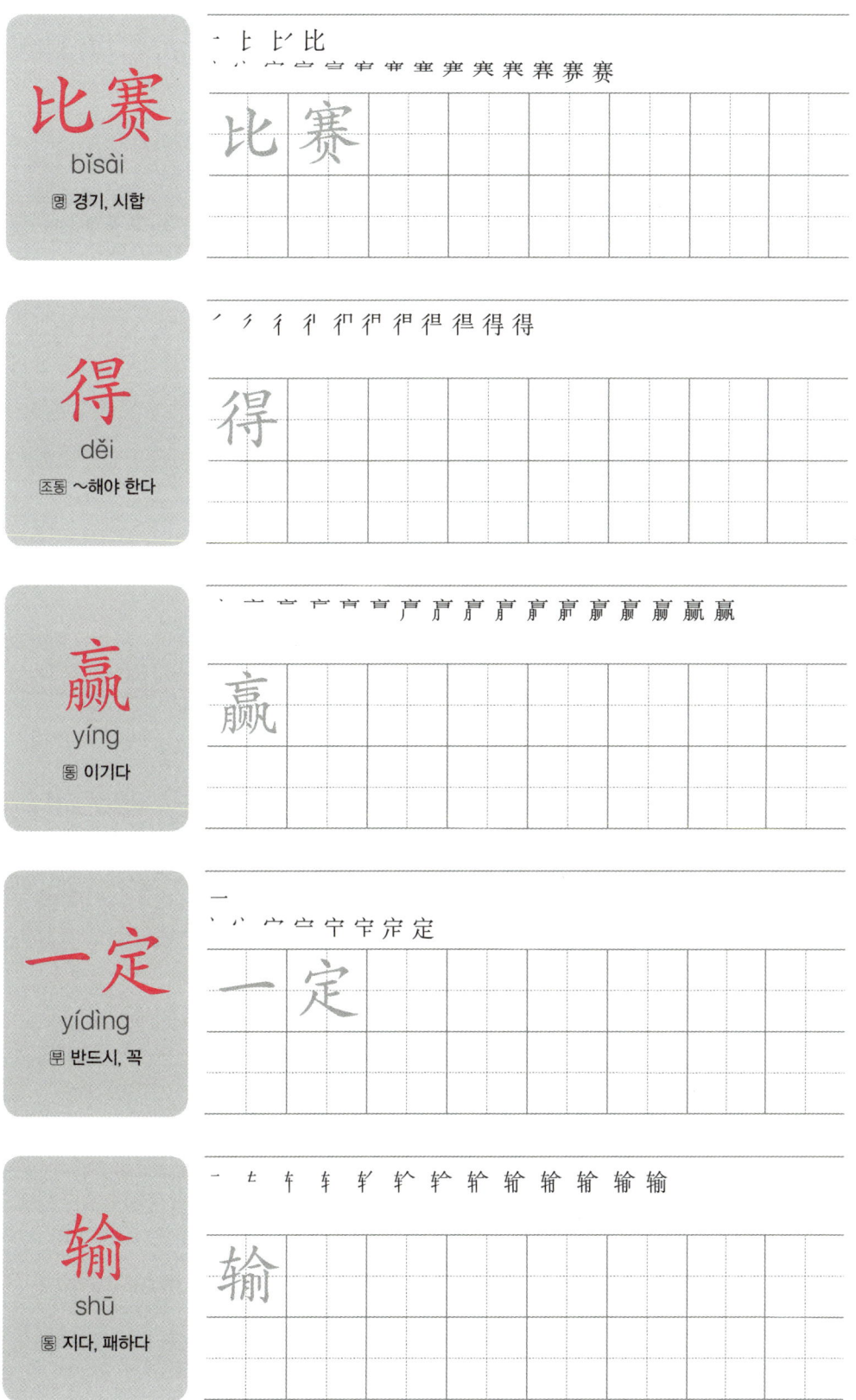

10 내일 저는 귀국해요.

핵심표현 & 교체연습 🎧 wbook 19

① 一个多月 한 달여

我们来中国已经<u>一个多月</u>了。
Wǒmen lái Zhōngguó yǐjīng yí ge duō yuè le.
우리가 중국에 온 지도 벌써 한 달여가 되었다.

교체 단어
两个多月 두 달여   一年多 일 년여
liǎng ge duō yuè   yì nián duō

② 就/才 벌써/~에서야

他八点<u>就</u>上学了，我九点半<u>才</u>上学。
Tā bā diǎn jiù shàngxué le, wǒ jiǔ diǎn bàn cái shàngxué.
그는 8시에 등교했고, 나는 9시 반에야 등교했다.

교체 단어

| 上班 출근했고 | 上班 출근했다 | 下班 퇴근했고 | 下班 퇴근했다 |
| shàngbān | shàngbān | xiàbān | xiàbān |

③ 虽然……但是…… 비록 ~지만 ~이다

我<u>虽然</u>会游泳，<u>但是</u>游得不怎么样。
Wǒ suīrán huì yóuyǒng, dànshì yóu de bù zěnmeyàng.
나는 수영을 할 수는 있지만 그다지 잘 하지는 못한다.

교체 단어

| 说汉语 중국어를 말할 | 说 말하지는 | 骑自行车 자전거를 탈 | 骑 타지는 |
| shuō Hànyǔ | shuō | qí zìxíngchē | qí |

④ 因为……所以…… ~때문에 그래서 ~하다

<u>因为</u>我身体不好，<u>所以</u>不去上课。
Yīnwèi wǒ shēntǐ bù hǎo, suǒyǐ bú qù shàngkè.
나는 몸이 좋지 않기 때문에 수업에 가지 않았다.

교체 단어
没有上班 출근하지 않았다
méiyǒu shàngbān

在家休息 집에서 쉬었다
zài jiā xiūxi

확인 TEST

1 다음 빈칸에 들어갈 알맞은 표현을 보기에서 골라 써 넣으세요.

A 时间_____得真快，我们来中国_____一个多月了。

B 是啊，明天我_____ _____了。

보기   回国   已经   就要   过

2 다음은 틀린 문장입니다. 바르게 고쳐 보세요.

(1) 但是学习很紧张，虽然我过得挺愉快。

→ _____

(2) 你现在怎么才来？我们半天等了你了。

→ _____

(3) 你们还多长时间准备学？

→ _____

3 녹음을 듣고, 주어진 뜻에 해당하는 문장을 중국어로 써 보세요. 🎧 wbook 20

(1) _____ 베이징에서 파리까지는 비행기를 몇 시간 타야 되나요?

(2) _____ 조금 일찍 출발했어야죠.

(3) _____ 별말씀을요. 아직 멀었어요.

간체자 쓰기

过 guò
동 지나다

一十寸寸过过

虽然 suīrán
접 비록 ~하지만

丨口口尸吕吕吊虽虽
ノクタタ夕处然然然然然然

但是 dànshì
접 그러나

ノイ亻们但但但
丨口日日旦早是是是

小时 xiǎoshí
명 시간

亅小小
丨口日日旷时时

送 sòng
동 배웅하다

丶丷丬兰羊关关送送

모범답안

01 사무동은 강의동 북쪽에 있어요.

◆ 확인 TEST

1
(1) B   (2) E   (3) A   (4) C   (5) D

2
(1) 我们学校里边有教学楼、图书馆 C 和宿舍楼。
우리 학교에는 강의동, 도서관과 기숙사가 있다.

(2) 左边是小雨，右边是英男，西蒙在小雨和英男 C 中间。
왼쪽은 샤오위이고, 오른쪽은 영남이다. 사이먼은 샤오위와 영남이 사이에 있다.

(3) 抽屉里 B 有一块巧克力。
서랍 안에는 초콜릿 하나가 있다.

3
(1) 办公楼在教学楼 北边，图书馆在办公楼 西边。
사무동은 강의동 북쪽에 있고, 도서관은 사무동 서쪽에 있다.

(2) 这是保罗和他的朋友们的 照片。
이것은 폴과 친구들의 사진이다.

(3) 保罗在西蒙 和英男 后边。
폴은 사이먼과 영남이 뒤쪽에 있다.

(4) 桌子上边有一本书、一个 台灯。
책상 위에는 책 한 권, 스탠드 하나가 있다.

(5) 抽屉里有什么？
서랍 안에는 무엇이 있나요?

02 빨간색을 드릴까요, 파란색을 드릴까요?

◆ 확인 TEST

1
(1) A   (2) E   (3) B   (4) D   (5) C

2
(1) 请问，B 哪儿卖啤酒？
실례합니다. 맥주는 어디에서 파나요?

(2) 要四瓶啤酒，B 再要两听可口可乐。
맥주 네 병을 원해요. 코카콜라 두 캔도 주세요.

(3) 您尝 A 一下儿，不甜不要钱。
맛 좀 보세요. 안 달면 돈을 안 받을게요.

3
(1) 要红的 还是要蓝的？
빨간색을 드릴까요, 파란색을 드릴까요?

(2) 还要 别的吗？
다른 것도 필요하신가요?

(3) 您有 零钱吗？
잔돈 있으신가요?

(4) 大的三块钱一斤，小的十块钱四斤。
큰 것은 한 근에 3위안이고, 작은 것은 네 근에 10위안이에요.

(5) 这是今天早上摘的，新鲜极了。
이거 오늘 아침에 딴 거예요. 너무 신선해요.

03 추천 좀 해 주세요.

◆ 확인 TEST

1
(1) E   (2) A   (3) C   (4) D   (5) B

2
(1) 您 B 想买多少钱的？
얼마짜리를 원하시나요?

(2) A 只有这一种颜色。
이 색상밖에 없어요.

(3) 太贵了，便宜 C 点儿吧。
너무 비싸네요. 좀 깎아 주세요.

3

(1) 两千块<u>左右</u>的。
2000위안 정도요.

(2) 样子<u>也</u>挺好看。
디자인도 아주 멋지네요.

(3) 这双鞋是<u>多大</u>号的?
이 신발은 몇 호인가요?

(4) 这双不大也不小，挺<u>合适</u>。
이게 크지도 않고 작지도 않고, 아주 딱 맞네요.

(5) 有<u>别的</u>颜色的吗?
다른 색도 있나요?

04 우리 먹어 보러 갈래요?

◆ 확인 TEST

1

(1) tīngshuō   (2) 맛있다   (3) 辣
(4) 계산하다, 결제하다   (5) 请客

2

(1) 听说四川菜很好吃，咱们去尝尝。
쓰촨요리가 맛있다던데, 우리 먹어 보러 가요.

(2) 你觉得中国菜好吃吗?
중국 음식 맛있는 것 같나요?

(3) 再给我们两张餐巾纸。
냅킨 두 장만 더 주세요.

3

(1) **C** 今天晚上我有事，明天中午好吗?
오늘 저녁에는 내가 일이 있어요. 내일 점심에 괜찮아요?

(2) **B** 来一壶茶。
차 한 주전자 주세요.

(3) **A** 我最喜欢吃韩国菜。
나는 한국 음식을 제일 좋아해요.

> **녹음대본**
> (1) 今天晚上怎么样?
> 오늘 저녁 어때요?
>
> (2) 要什么饮料?
> 음료는 무엇으로 하시겠어요?
>
> (3) 你喜欢吃什么菜?
> 어떤 음식을 좋아하나요?

05 우체국에 어떻게 가요?

◆ 확인 TEST

1

(1) 一直   (2) wǎng   (3) 路口
(4) 방향을 바꾸다, 꺾어 돌다   (5) mǎlù

2

(1) 离这儿多远?
여기에서 얼마나 먼가요?

(2) 这条路近，不过有点儿乱。
이쪽 길이 가깝지만 조금 복잡해요.

(3) 坐飞机太贵了，还是坐火车吧。
비행기는 너무 비싸니, 기차를 타는 것이 낫겠어요.

3

(1) **B** 十三四公里。
13~14km 정도 돼요.

(2) **A** 走这条路或者那条路都行。
이쪽 길이나 저쪽 길 다 괜찮아요.

(3) **C** 坐飞机吧，又快又舒服。
비행기를 타요. 빠르고 편하잖아요.

> **녹음대본**
> (1) 从这儿到百货大楼有多远?
> 여기에서 백화점까지 얼마나 먼가요?
>
> (2) 请问，我去天安门，应该走哪条路?
> 실례합니다. 톈안먼에 가려고 하는데, 어느 길로 가야 할까요?
>
> (3) 坐火车还是坐飞机?
> 기차를 탈까요, 비행기를 탈까요?

06 그는 지금 아내를 기다리고 있어요.

◎ 확인 TEST

1

(1) 가격을 깎다, 할인하다 (2) 排队
(3) zhāopìn   (4) 聊天儿   (5) 여행하다

2

(1) 商店里顾客真不少。
가게 안에는 손님들이 정말 많다.

(2) 听说这家公司正在招聘职员。
이 회사는 직원을 채용하고 있다고 한다.

(3) 我可能正在想你们。
나는 아마도 너희들을 생각하고 있을 거야.

3

(1) **C** 他正在等他的爱人呢。
그는 지금 아내를 기다리고 있다.

(2) **A** 小雨最近很忙，他正在找工作。
샤오위는 요즘 매우 바쁜데, 일자리를 찾고 있다.

(3) **B** 我可能正在跟男朋友一起旅行。
나는 아마 남자친구와 함께 여행을 하고 있을 것 같다.

> **녹음대본**
>
> (1) 这位先生在做什么呢?
> 이분은 무엇을 하고 있는 걸까요?
>
> (2) 小雨最近怎么样?
> 샤오위는 요즘 어때요?
>
> (3) 明年的这个时候，你们可能在做什么呢?
> 내년 이맘때, 너희는 무엇을 하고 있을 것 같아?

07 방금 어디에 갔었나요?

◎ 확인 TEST

1

A 刚才你去**哪儿**了?
방금 어디 갔었어요?

B 我跟直美**逛**商店去了。
나오미랑 상점 구경 갔었어요.

A 她买了什么**东西**?
그녀는 무슨 물건을 샀나요?

B 她买了三件衬衣、两条裙子，**还有**一顶帽子。
그녀는 셔츠 세 벌, 치마 두 벌, 그리고 모자도 하나 샀어요.

2

(1) 我朋友来北京了，周末我陪他去长城了。
내 친구가 베이징에 와서, 주말에 그를 데리고 만리 장성에 갔었다.

(2) 昨天我们在全聚德吃了一大只烤鸭。
어제 우리는 취안쥐더에서 오리구이를 큰 거로 한 마리 먹었다.

(3) 听说小雨病了，咱们抽时间去看看他吧。
샤오위가 아프다고 들었는데, 우리 시간 내서 한번 보러 가자.

3

(1) 你买东西了吗?

(2) 周末你做什么了?

(3) 你已经告诉他了吗?

08 가을이 되었어요.

◎ 확인 TEST

1

秋天了，**天气**凉了，山上的**树叶**都红了。西蒙他们**打算**今天去香山看**红叶**。
가을이 되었다. 날씨도 선선해졌고, 산의 나뭇잎들도 모두 붉게 물들었다. 사이먼 일행은 오늘 샹산으로 단풍 구경을 갈 생각이다.

2

(1) 玩儿的时间少了，也不能睡懒觉了。
노는 시간이 줄어들었고, 늦잠도 잘 수 없게 되었다.

(2) 最近他有点儿瘦了，不过看上去更帅了。
최근에 그는 살이 조금 빠졌지만 보기에는 더욱 잘 생겨졌다.

(3) 他要给家里人和亲戚朋友买点儿礼物。
그는 가족과 친척, 친구들에게 줄 선물을 조금 사려고 한다.

3

(1) 真不巧，天阴了，要下雨了。

(2) 他现在是职员了，工作很忙。

(3) 他下星期就要回国了。

09 당신의 수영 실력은 어떤가요?

확인 TEST

1

A 你游泳游得怎么样?
당신 수영 실력은 어때요?

B 我游得不错，能游八百米呢。
꽤 잘해요. 800m는 갈 수 있어요.

A 我真羡慕你，我是个旱鸭子。
정말 부럽네요. 나는 맥주병이거든요.

2

(1) 你最喜欢哪个球星?
어떤 축구 스타를 제일 좋아해요?

(2) 我女朋友要去听音乐会，我得陪她。
나는 여자친구가 음악회에 가야 한다고 해서 같이 가 줘야 한다.

(3) 我估计巴西队会赢。
내 예상으로는 브라질 팀이 이길 것 같다.

3

(1) 你会不会踢足球?

(2) 你猜哪个队会赢?

(3) 我想德国队一定不会输。

10 내일 저는 귀국해요.

확인 TEST

1

A 时间过得真快，我们来中国已经一个多月了。
시간 정말 빨리 가네요. 우리가 중국에 온 지도 벌써 한 달이 넘었어요.

B 是啊，明天我就要回国了。
그러게요. 내일 나는 귀국해요.

2

(1) 虽然学习很紧张，但是我过得挺愉快。
비록 공부는 힘들었지만 아주 즐겁게 지냈다.

(2) 你怎么现在才来? 我们等了你半天了。
왜 지금에서야 오는 거예요? 우리 한참 기다렸잖아요.

(3) 你们还准备学多长时间?
얼마나 더 공부할 생각인가요?

3

(1) 从北京到巴黎得坐多长时间的飞机?

(2) 你应该早点儿出发。

(3) 哪里哪里，还差得远呢。

최신개정
신공략 중국어 ❷ 워크북

저자 马箭飞(主编)
  苏英霞·翟艳(编著)
편역 변형우, 주성일, 여승환, 배은한
펴낸이 정규도
펴낸곳 (주)다락원

기획·편집 오혜령, 이원정, 이상윤
디자인 박나래
조판 최영란
일러스트 놈스, 조재희, 성자연
녹음 曹红梅, 朴龙君, 于海峰, 王乐, 허강원

다락원 경기도 파주시 문발로 211
전화 (02)736-2031 (내선 250~252 / 내선 430, 435)
팩스 (02)732-2037
출판등록 1977년 9월 16일 제406-2008-000007호

Copyright ⓒ 2015, 北京大学出版社
원제: 《汉语口语速成》_入门篇·上/下册(第三版)
The Chinese edition is originally published by Peking University Press. This translation is published by arrangement with Peking University Press, Beijing, China. All rights reserved. No reproduction and distribution without permission.

한국 내 Copyright ⓒ 2019, (주)다락원
이 책의 한국 내 저작권은 北京大学出版社와의 독점 계약으로 ㈜다락원이 소유합니다.

저자 및 출판사의 허락 없이 이 책의 일부 또는 전부를 무단 복제·전재·발췌할 수 없습니다. 구입 후 철회는 회사 내규에 부합하는 경우에 가능하므로 구입처에 문의하시기 바랍니다. 분실·파손 등에 따른 소비자 피해에 대해서는 공정거래위원회에서 고시한 소비자 분쟁 해결 기준에 따라 보상 가능합니다. 잘못된 책은 바꿔 드립니다.

ISBN 978-89-277-2243-4 18720
   978-89-277-2241-0 (set)

www.darakwon.co.kr
다락원 홈페이지를 방문하시면 상세한 출판 정보와 함께 동영상 강좌, MP3 자료 등 다양한 어학 정보를 얻으실 수 있습니다.